내
꿈
에

가
끔
만

놀
러
와

내 꿈에
가끔만
놀러와

고선경 산문

문학동네

들어가는 글

목적지가 있으면 여정이고 없으면 방황인가. 목적지가 있어도 없는 것 같아서 나의 헤맴이 여정인지 방황인지 구분하지 못했다.

색 구분 없이 뒤섞인 빨래와 읽다 만 책, 펼쳐진 노트북, 아무렇게나 내동댕이쳐진 베개, 수치심과 슬픔이 너저분하게 널려 있던 이십대 초반의 자취방을 기억한다. 그 요란하고 고요한 엉망진창 속에서 가장 엉망인 건 다름 아닌 나 자신이었다. 먼지 쌓인 침대에 누워 나는 어떤 꿈을 꿨더라. 시를 쓰고 싶다는 생각과 아이슬란드 같은 추운 나라에 가고 싶다는 생각, 달콤한 칵테일 같은 연애를 하고 싶다는 생각, 돈을 많이 벌고 싶다는 생각…… 실은 생각하는 것마다 꿈같았다. 모든 게 막연했던 그때는 꿈은커녕 내가 딛고 선 현실조차 믿을 수 없었다. 그래서 일기를 쓰기 시작했다. 몰아치는 현실을 똑바로 마주하려고.

그런데 이상하지. 현실을 마주하면 할수록 꿈이 선명해졌다. 간밤에 꾼 꿈도, 미래를 저당 잡는 꿈도. 애당초 꿈이란 것이 과거에 붙박여 있으면서도 훌쩍 먼 미래에 가 있기도 하는 기묘한 시간성을 지녀서일까? 쉽게 휘발되기도 하지만 십 년 동안 반복되기도 한다. 그 꿈으로 가끔만 오라고 말해본다. 자주 오라는 청은 오는 걸음을 무겁게 할 것 같아서, 우리가 헤어질 시간을 은근슬쩍 앞당길 것 같아서, 가끔만, 그냥 놀러오라고. 푹 꺼진 소파에 앉아 오래된 코미디 영화를 볼 때 그 영화 속에는 우리가 있겠지. 냉장고에서 술을 꺼내 마시자. 과자 부스러기를 흘리자. 그리고 아무데나 아무렇게나 널브러진 채 웅얼웅얼 이야기 나누는 거다. 꿈결처럼 허무맹랑하고 허점투성이인, 불완전한, 우리 누구나 지닌 그 엉망진창의 젊은 시절 이야기를.

쓰고 보니 이 책에는 일기나 메모 형태로 적힌 과거와 과거 이후의 시간들이 뒤섞여 있다. 불투명한 현실과 구체적인 망상이, 동사할 것 같은 여름과 화염에 휩싸인 듯한 겨울이, 목적지 없는 여정과 목적지가 뚜렷한 방황이 뒤엉켜 있다. 나는 이제 그것들을 일일이 구분 지으려 하지 않는다. 단지 그 모든 것 위에 두 발을 붙이고 싶다. 내가 딛고 선 것이 무엇인지 알기보다는 무언가를 딛고 설 수 있다는 사실 자체를 믿고 싶다.

차례

들어가는 글 005

1부
아침에 일기를 쓰는 건
기분에 좋다

분홍색 우산 장식처럼 015
언제 시작되었는지 알 수 없는 상상 016
아이셔 좋아해? 017
게임 오버가 떴을 때는 다시 하기 버튼을 누르면 된다 021
젖은 머리카락이 마르기를 기다리며 025
내가 당신의 이웃이 아닐지라도 026
Best Life 034
아침에 일기를 쓰는 건 기분에 좋다 037
싫은 것을 생각하다가도 약해지는 마음 040
가벼운 외출 043
왜 나에게는 언제나 치사량인가 045
도쿄 여행기 1 049
도쿄 여행기 2 056
속초 일기 062
실은 열쇠 따위 필요하지도 않다 066

2부

시는 써야겠고,

슬프네

하루살이가 알전구 주위를 맴돌고 077

계절과 기분이라는 착각들 078

좋아하는 걸 좋아하기를 멈추고 싶지 않았다 082

등단 직전까지 쓴 일기들 088

불이 꺼지기를 기다리며 더운 비를 맞고 서 있던 날들 095

최선의 차선 097

취중 진담이라는 농담 100

긴긴 여름 102

운명적 여름 106

우리의 낭만이 같지는 않지만 109

열세 살의 여름방학 115

손거울을 꺼내 들여다보듯이 119

나가이 오야스미 120

날씨가 좋으면 슬픈 생각을 하게 되어 있다 124

긴 여름 125

3부

심장을 꺼내 보이지 않아도

괜찮아

가능성 129

백수일지 130

나의 행운을 빌었다 그것이 세상에 쓸모가 있으리라 믿으면서 136

죽지는 않겠지만 항복입니다 142

희망하게 하는 희망 145

영원성 146

각자의 도시, 도시의 각자 147

소진 앞에서 구차한 사람 150

마음샌드는 안 먹어봤지만 마음이 샌드되어 있다고 생각하면
  왠지 좀 부담스럽다! 154

첫 시집 출간을 앞두고 159

이상과 현실 163

중학생의 기분과 귀여운 음식 166

겨울보다 여름에 가까운 심장 170

현실은 싸워야 할 대상이 아니에요 175

스티커를 붙이는 센스가 인생의 센스이기도 한 거다 179

4부

그래,
이것을 첫눈으로 여기기로 한다

친구가 많다는 건 외롭지 않다는 게 아니라 내가 외로운 걸
　　아는 사람이 많다는 것 185

가을볕에 물웅덩이 말라갈 무렵 186

도쿄 산보 188

네일이나 내일이나 194

주인공은 망상가 195

지구 일기 199

이사 일기 203

너무너무 보고 싶다 209

어떤 블루스 212

오산하에게 1 213

오산하에게 2 219

쿠마와 함께한 모든 시간 225

이쯤에서 쿠마가 궁금할 여러분을 위해 233

철 지난 커플 티셔츠는 잠옷으로도 입지 말 것 234

첫눈이 내렸다고 한다 238

끝나지 않는 여름 244

나가는 글 249

1부

아침에 일기를 쓰는 건
기분에 좋다

분홍색 우산 장식처럼

　내가 아주아주 작아져서 칵테일 잔 속으로도 잠수할 수 있었으면 좋겠다. 그런데 아주아주 작기만 할 뿐이면 누군가 나를 특별하게 생각해줄까? 요정이나 괴물처럼.

언제 시작되었는지 알 수 없는 상상

 소다수를 가득 부어 만든 수영장, 판 초콜릿 속 마그마, 녹아서 한데 엉겨붙은 지렁이와 곰 모양 젤리, 핑크빛 라벤더빛 색조 화장품으로 꽉 찬 보석함, 폭탄주 대신 에너지 폭탄 주스, 일 년 내내 핼러윈 무드로 꾸며져 있는 방, 욕실에는 해골 모양 비누, 언젠가 바텐더가 된다면 칵테일을 만들어 멋대로 이름 붙일 것, 이를테면 레인보우 가든 스파클링, 포카리스웨트 향 액상 담배는 이미 피우고 있고, 내가 마시는 우유는 안개 영혼 우유, 은은한 펄이 섞여 찰랑거리는 향수, 그것을 파는 약국, 우연히 주운 수첩에 적혀 있는 "이곳에서 네가 좋아하는 체리 향기가 나", 스티커가 덕지덕지 붙은 욕조, 그 안에서 책을 읽는 백발의 소녀, 내가 처음 상상한 것은 아닌, 징그럽고 과한 아름다움.

아이서 좋아해?

처음 고등학교에 입학해 자기소개를 하던 시간에 나는 이렇게 말했다. 안녕, 나는 고선경이야. 아이서를 좋아해. 반 아이들이 실없는 소리를 들었다는 듯이 웃으며 좋아하길래 친구가 많이 생길 줄 알았다. 그랬던 때가 있었다.

누군가 트위터(현 X)에 올린 『샤워젤과 소다수』 관련 게시글이 리트윗되면서 독자가 늘었다. 『샤워젤과 소다수』의 독자들은 신기하게도 작고 상큼하고 더러는 달콤한 간식에 빗대어 감상평을 남겨주곤 한다. 정확하지는 않지만 대략 이런 말들. 부푸러맛이 나는 것 같다. 딸기맛 눈깔사탕 같은 시다. 아이서 같은 시집이네.(new!) 나는 이 귀여운 감상평들을 무척 귀하게 여긴다. 핼러윈에 호박 모양 바구니 가득 간식을 받은 아이가 된 기분. 친구가 아주아주 많아진 것 같은 기분이 든다. 어쩌면 나는 독자들을 고등학생 때 미처 사귀지 못한 친구들이라 생각하고 싶은 건지도 모른다.

그때를 떠올리면 생각나는 간식은 상큼한 청사과맛이 나는 연두색 추잉 캔디. 상자 속에 딱 하나가 특별히 더 강한 신맛이 나는데, 그걸 단번에 골라 먹으면 그날은 운이 좋다고 여기고는 했었다. 대부분은 그럴 때 '아, 잘못 골랐다' 생각하기 마련이다. 고등학생 때 내가 친구를 사귀지 못한 이유는 특별히 신맛이 났기 때문일지도. 한번은 이제 정말 친해졌다고 생각한 친구들이 내게 "너는 너무 제멋대로야"라고 말하며 절교를 선언한 적이 있었다. 그래, 너무 신 것을 입에 넣으면 눈물이 나기도 하지.

어릴 때 좋아했던 신맛 나는 간식은 이제 더는 찾아 먹지 않는다. 제멋대로라는 말도 듣지 않은 지 오래되었다. 그렇지만 아이셔 같은 시를 쓴다는 말에 나는 열일곱처럼 좋아했다. 나에게 아직 청사과 향이 남아 있었구나! 싶어서.

동료 작가 J는 이렇게도 말했다. 멀어진 친구에게 선물해주고 싶은 시집이라고. 우리에게도 이런 시절이 있지 않았냐, 그것이 얼마나 좋았냐, 하는 뜻으로. 그 말이 어느 정도 나의 의도와 맞닿아 있다고 느꼈다. 하지만 "너는 너무 제멋대로야" 말하며 멀어진 그 친구들을 떠올리지는 않았다. 물론 나에게도 시 한두 편 정도는 쓰게 만든 장본인들이 있지. 나를 미치게 웃기고 울렸던 친구들이 있지. 더는 만날 수 없는 친구들이 있지. 절대로 내 시집은 안 읽었으면 좋겠는 친구들이.

 꽃샘추위가 무서운 어느 초봄이었다. 감기에 걸려 고생중인 주위 사람들을 보며 외출을 망설이게 되는 나날. 그러나 모두 어디론가 가고 있었다. 사랑하는 친구, 천재 시인 Y가 한 출판사로부터 첫 시집 출간 제안을 받았다고 전해온 날에는 너무 흥분해서 결혼 소식을 알리러 온 친구를 카페에 두고 나가 잠시 통화를 하기도 했다. (미안.) 새학기를 맞아 처음 마련한 교과서와 필기구로 묵직해진 책가방을 멘 채, 씩씩하게 등교하는 아이들을 보는 듯했다. 그래, 멀리멀리 가라. 봄은 뭐든지 시작하기에 좋은 계절이니까. 지금도 가는 중인 모든 친구가, 한때 친구였던 모두가 각자 가고 싶은 곳으로 가면 좋겠다. 그곳에는 내가 있어도 되고 없어도 된다. 그런데 있다고 생각하면 정말 있을 것이다. 마치 신맛을 떠올리면 저절로 침이 고이듯이!

게임 오버가 떴을 때는 다시 하기 버튼을 누르면 된다

 우니와 디스코드로 노래를 들으면서 각자 할일을 한다. 나는 평론을 읽고 우니는 2000년대 초에나 유행하던 플래시 게임을 즐기는 중이다. 음성을 켜두었기 때문에 서로의 목소리가 가끔 송출되는데, 우니는 슈게임을 하면서도 윽! 악! 엑! 오! 하는 소리를 냈다. 그게 좀 웃겨서 채팅창에 메시지를 적어 보냈다.
 [아니 슈게임을 왜 이렇게 스릴 있게 즐기는 거임]
 우니는 대답했다.
 [점수 따야 돼]
 [어디에서도 공인해주지 않는 점수지만]
 [초딩 우니의 꿈을 이뤄줘야 하거든]
 그 말에 깨달음을 얻은 나는 답장을 적어 보냈다.
 [초딩 우니에게 미래의 우니는 꽤 의리가 있다고 말해줘

야 했는데]

　나도 과거의 고선경이 바랐던 이모저모를 이뤄주기 위해 고군분투하는 중인 걸까. 그렇다면 미래의 고선경은 지금 내 바람들을 이뤄주려나. 그러나 미래의 고선경에게 이거 해줘, 저거 해줘, 주문하기엔 걔가 영 미덥지 않다. 그리고 그 이유에서 요즈음 나는 부지런하다. 미래의 고선경이 꿈꾸는 것까지 미리 이뤄주고 싶기 때문이다.

　그렇다면 나는 과거의 고선경과 미래의 고선경이 원하는 걸 들어주느라 이중으로 고통받고 있었단 말인가? 그래서 내 인생이 슈게임 못지않게 스릴 넘치는 거였군.

*

　어릴 때 나는 양언니가 가지고 싶었다. 학교에서 선후배끼리 의자매를 맺는 게 유행이었는데 양언니가 있는 애들은 보호받고 있는 것처럼 보였거든.

　'제 양언니가 되어주세요.' 내가 준 쪽지를 펼쳐본 희진 언니는 이미 양동생이 있다며 곤란한 표정을 지었다. 희진 언니 옆에선 희진 언니의 절친한 친구가 무섭게 나를 노려보고 있었다.

불량한 애들이 다가와 나한테 같이 놀자고 말했다. 일주일 뒤에는 복도에서 나를 밀어 넘어뜨렸다. 내게 양언니가 없기 때문이라고는 생각 안 했다. 그렇지만 내 동생에게 양언니가 있다는 것을 알았을 때는 배신감을 느꼈다. 동생의 양언니는 나와 동갑이었다.

다 같이 무서운 사회를 학습하며 무섭게 자라났다. 나는 상처받지 않으면서 교내 위계질서에 가담하고 싶었다. 꼬박꼬박 상처받으면서도 이미 가담중이었으니까. 그건 어렸던 내겐 너무 어려운 일이었고, 아마 당시의 가담자 모두가 그랬을 것이다. 그때 세상의 모든 양언니들은 누가 보호해주었을까. 희진 언니 친구의 경멸에 찬 눈빛이 잊히지 않는다. (내 동생은 나중 가서 양언니를 가진 애들과 싸우는 쪽으로 노선을 바꿨다. 이쪽저쪽에서 배신자가 된 셈이다.)

어릴 적 유행하던 어떤 게임에 계속 실패하고 다시 하

기 버튼을 누르며 이 스테이지까지 온 기분이다.

*

　복통이 있어 내과에 방문했다가 사이좋게 독감 예방주사를 맞으러 온 할머니 두 분을 봤다. 자매나 친구처럼 보였다. 나도 늙어서 동생이나 친구 손 꼭 잡고 독감 예방주사나 건강검진을 위해 내원하는 씩씩한 할머니가 되고 싶어졌다.

젖은 머리카락이 마르기를 기다리며

 어떤 시간과 점점 가까워진다는 것은 또다른 어떤 시간과는 멀어지고 있다는 뜻일 것이다.

 멀어지면 좋지. 아름다워 보이잖아. 안 그래? 내가 물으면 너는 어떤 표정을 지을까. 그런 걸 점점 더 상상하기 어려워졌으면 좋겠다. 멀어져가는 모든 것과 잘 멀어질 필요는 없어. 잘 실패하기, 잘 사랑하기, 그런 건 이제 바라지 않는다. 나는 생활의 달인도, 사랑의 달인도 아니니까. 마른 머리카락을 잘 빗은 뒤에 베개에 머리를 눕히는 사람 정도면 충분하다.

내가 당신의 이웃이 아닐지라도

2021년도에 만든 나의 블로그 이름은 '분리수거 연습'이다. 프로필상의 별명은 '비생물'. 자기소개란에는 '별명을 비대면 체온 측정기라고 지을까 고민했다'라고 적었다. 그 설정들은 처음 블로그를 개설하며 정한 그대로 남아 있다. 게시판 카테고리는 세 개로 나눴는데, 각각 '종량제 봉투' '폐수' '재활용'이라고 이름 지었다. '종량제 봉투'에는 일기를, '폐수'에는 시를, '재활용'에는 나에게 영향을 준 음악이나 영화, 책에 관한 글을 올렸다. 그런데 나중에는 그 구분이 모호해져서 카테고리를 모두 닫아버렸다(비공개로 전환했다). 그리고 일기 카테고리를 따로 만들었다. 지금은 일기만 전체 공개인 상태다. 그곳에 새 글을 올리고 나면 이전 글은 비공개 처리한다. 어차피 내 블로그를 꾸준히 보러 오는 사람은 얼마 되지 않지만, 방문했을 때 단 하나의 일기를 읽는 것과 누적된 일기를 줄줄이 읽는 것은 다르니까. 아무래도 후자는 한꺼번에 더 많은 정보를 알 수 있을 테고 나는 그것이 무섭다.

주변 사람들이 즐겨 사용하는 앱으로는 인스타그램이 지배적이다. 물론 나도 인스타그램을 자주 사용한다. 그런데 내 생각에 블로그와 인스타그램, 두 애플리케이션에는 아주 사소하고도 극명한 차이가 있다. 인스타그램은 피드만 내리면 타인의 게시물을 볼 수 있지 않은가. 블로그는 다르다. 타인의 게시물을 보기 위해서는 반드시 그의 블로그에 접속해야 한다. 더 적극적인 태도가 요구되는 것이다. 이 차이가 앱의 용도나 이용 목적에 대한 사용자 각자의 관점을 결정짓는다. 말하자면 나에게 인스타그램은 노출의 세계이고 블로그는 접속의 세계이다. 아무렴, 접속이라는 말은 좋다. 다른 세계에 접속하기. 내가 타인에게, 타인이 나에게, 내가 나에게 접속하기. 이때의 접속은 인스타그램 피드를 내리듯 외면을 둘러보는 일이 아니다. 내면으로 들어가는 일이지.

그런데 우린 때때로 타인에게 접속하지 않고도 그 사람을 알 수 있지 않은가. 심지어 관계도 맺을 수 있다. 누군가를 처음 만나 인스타그램 계정을 공유하다 '이미 맞팔이에요!' 하고 놀라는 일도 종종 있는걸. 그러면 대개는 '오, 그렇군요' 혹은 '정말이네, 하하' 같은 멋쩍은 대답으로 상황이 마무리된다. 왜일까? 반면에 상대가 블로그를 한다는 걸 알게 되면 조심스럽고도 반가운 마음이 되는 건.

가끔 자아 노출증과 대인기피증을 함께 지닌 사람의 곤경에 대해 생각한다. 그리고 이런 생각은 인스타그램이나 시에 쓰지 않고 블로그 일기에 쓴다. 지루하고 헐렁한 생활에 대해서도, 사그라지지 않는 분노에 대해서도, 가볍고 은근한 그리움에 대해서도.

2021년 5월, 블로그에 처음 올린 게시물의 제목은 '오래된 질문'이다. 그것은 누구에게도 할 수 없는 질문이자 실은 스스로 대답할 수 있는 질문이었다. 모두 '나는 왜'로 시작하는 질문이었으니까.

나는 왜 사나요?

나는 왜 나인가요?

나는 왜 나를 관두지 못하나요?

나는 왜…… 이렇게 오랫동안 자의식 과잉을 벗어나지 못하고 있단 말인가. 하지만 이렇게도 말할 수 있겠지. 전국의 자의식 과잉 여러분, 블로그를 운영해보세요. 블로그는 스스로 별명도 짓게 해줍니다. 별명이 '비생물'씩이나 되어도 거부당하지 않습니다. 어느 날 갑자기 부끄러워지면 글을 수정해도 되고 비공개로 전환해도 됩니다. 더군다나 여러분, 누군가의 검색 키워드가 나의 게시글 키워드와 운좋게 일치하면 그 누군가가 블로그 방문도 해줍니다. 예, 그것이 바로 '접속'입니다……

이 글의 목적이 네이버 블로그를 영업하기 위함은 아니고, 자의식 과잉을 예찬하기 위함은 더더욱 아니고, 디지털 사회에서 나와 타인의 내면에 접속하기에 대한 고찰도 아닌데, 아닌가? 그래, 다시. 그 접속의 매개체가 나한테는 왜 하필 블로그였냐면, 어렸을 때부터 존재해온 역사 깊은 플랫폼으로서 더없이 익숙하고 친근했거니와 진입 장벽이 낮았기 때문이다. 무엇보다 내 블로그는 이웃이 거의 없었다. (이웃이 없다면 자의식 과잉을 안 고쳐도 된다는 말인가?) 그러면서도 불특정 다수가 나의 블로그를 자유롭게 방문할 수 있다는 점이 나의 디지털 자아를 덜 외롭게 해주었다. 물론, 지금은 오십 명의 이웃이 생기는 바람에 오히려 좀 외로워진 것이 사실이다.

적어도 나와 같은 블로그 이용자들은 자아 노출증과 대인기피증을 함께 지닌 사람의 곤경을 함께 고민해줄 것만 같다. 심지어 우리는 '블로거'라는 이름으로 한데 묶일 수도 있다. 디지털 사회의 이 헐렁한 소속감이란. 그것은 내가 오랫동안 조용히 열망해온 것이었다. 나는 블로그에 사진 없이 글만 올리는 편인데, 그 글은 나의 내면과 너무도 가깝다. 본래 일기의 성질이 그러하듯이 말이다. 그래서 누군가에게 블로그를 보여주는 일이 조심스럽지만 그럼에도 접속의 과정을 거쳐 나를 알아줄 사람이 있을지도 모른다는 희망 때문에 계속한다. 그래, 나는 그런 희망에 끝없이 시달려왔다. 나에게 블로그의 시작이 '오래된 질문'에 답하기 위해서였다면, 블로그의 끝은 '오래된 희망'이 이루어졌음을 의미하는 것일지도 모른다.

  2023년 나의 첫 시집이 출간되었고 이웃과 이웃이 아닌 사람들이 그 책을 읽었다. 그들은 나에게 또다른 질문과 희망을 조달해주었다. 2021년의 나와 지금의 내가 얼마나 다른지 나는 안다. 그런데 엄마는 내가 어릴 때와 똑같다고 한다. 중학생 때 당한 학교폭력과 그 여파로 이어진 왕따 생활, 가정의 크고 작은 위기, 수없이 받아본 상담과 2021년도에 시작한 치료, 그 이후에 벌어진 모든 일들. 그 일들에 대해, 그 일들로 인한 나의 변화에 대해 엄마는 아는 만큼 알고 모르는 만큼 모른다. 그런데 어떻게 내가 그 일들을 겪기 전과 똑같다고 말할 수 있을까? 예전의 나였다면 그런 엄마에게 상처받았을 것이다. 지금은 '내가 그때와 같이 사랑스럽다니!' 하고 생각한다. 나는 그만큼 튼튼해졌고 뻔뻔해졌다.

  2021년도에 시작한 블로그는 사실 나의 정신과 치료 일지를 기록하기 위한 용도였다. 내가 과거가 아닌 현재를 살고 있다는 것을 증명하려고, 잃어버린 현실감각을 나에게 돌려주려고 그 일지를 썼다. 살 것 같은 날들과 죽을 것 같은 날들이 교차하던 그해에 나를 도와주었던 어떤 친구들과는 더이상 만나지 않게 되었다. 그러나 그들에게 도움받은 내역이 블로그에 고스란히 남아 있다. (앞서 말했듯 지금은 비공개 처리되어 나만 볼 수 있다.) 반면, 그때 느낀 어떤 분노는 이제 눈처럼 녹아 온데간데없이 사라져버렸다. 시간이란 뭘까. 기록이란 뭘까. 시간의 힘이 센지 기록의 힘이 센지 알 수 없지만, 시간과 기록의 공산인 블로그는 어떤 힘의 영향도 받지 않고 굳건히 남아 있다. 남아서 나를 증명하고 나를 위로하고 나를 인정한다. 그런 블로그도 주인이 삭제하면 그만이라는 게 우습기는 하다.

그 공허함을 이기는 건 우리가 서로에게 접속한 적이 있다는 사실일 것이다. 그사이 나는 과거의 나를 일부 잃었고 미래의 나를 일부 획득했다. '종량제 봉투'에 담겼거나 '폐수'로 치부되었던 것들 중 어떤 글들은 지면을 얻어 시와 산문이 되었다. 이제 누군가의 '재활용' 카테고리에 내 글이 들어갈 수도 있겠지. 내가 겪은 여러 가지 변화에 따라 블로그의 용도도 처음과는 달라졌지만, 그래서 좋은 점도 있다. 지금은 누군가가 블로그를 왜 하냐고 물으면 "문보영 시인이 블로그 하는 게 멋있어 보여서요"라고 대답할 수 있게 되었다.

블로그는 보이는 만큼만 볼 수 있는 곳이 아니다. 보이는 만큼도 못 볼 수 있고, 보이지 않는 것까지 보게 될 수도 있다. 서로이웃이어도 볼 수 없는 세계가 있다면 서로이웃이 아니어도 보이는 세계가 있지 않을까. 그러니까 중요한 것은 우리가 이웃인지 아닌지가 아니다. 내가 타인에게, 타인이 나에게, 그리고 내가 나에게 접속하고자 하는 마음이 나는 궁금하다. '분리수거 연습'을 끝낼 때, 오랫동안 쓰레기로 여겨온 질문들에 모조리 희망으로 답하기로 결심할 때, 나는 또다른 세계에 접속하게 될 것 같다.

블로그 주인으로서 별명을 왜 '비생물'로 지었는지는 잘 기억나지 않는다. 하지만 '비대면 체온 측정기'로 지을까 고민했던 이유는 또렷이 기억난다. 누군가와 접촉하지 않고도 그 사람이 지닌 온기를 느끼고 싶었던 것이다.

그렇지만 나는 체온 측정기가 아니고, 체온을 가진 사람이다. 감기에는 잘 걸리지 않는다.

Best Life

 세계를 구하기 위해 나서는 꿈을 자주 꾼다. 이런 건 또 어떤 비대한 자의식에서 비롯된 것일까? 생각하다가 문득 꿈에서 내가 무찔렀거나 따돌린 괴생명체들을 떠올린다. 커다란 슬라임 같은 게, 잘 보면 귀여운 구석도 있었는데. 나보다 귀여운 쪽과는 역시 친해지고 싶지 않다.

 사실 꿈에서조차 세계를 구해본 적 없다. 단지 구하고 싶을 뿐이었고, 왠지 무력감은 느껴지지 않았다.

*

 강연을 할 때마다 마지막에는 결국 이런 말을 꺼내게 된다. 문학은 결코 여러분의 인생보다 중요하지 않습니다. 주제넘은 말일지 모르지만, 아무도 인생을 포기하지 않았으면 좋겠다. 도저히 포기가 안 됐으면 좋겠다.

*

비행기 좌석에 앉아 심상하게 안내 방송을 듣다가 읽은 문구. 구명복은 좌석 밑에 있습니다. 영어로는 'Life vest under your seat'라고 쓰여 있었다. 이 문장을 유심히 본 건 'Life'가 '구명'으로도 번역된다는 게 신기해서였다. 그러니까 삶이란 사람을 구하는 일이구나. 그렇다면 사람은 사는 동안 응당 자기 자신을 구할 수 있어야 하지 않을까, 이런 생각이 들었다.

나는 나를 어떻게 구할 것인가. 이것은 내 이십대를 관통한 명제이기도 하다. 나 자신도, 사는 것도 싫어 죽겠는데 도저히 포기가 안 됐다. 어떻게 해서든 구해내고 싶었다. 이 구명 프로젝트는 내가 마땅히 가치 있다고 여기는 무언가를 실천하거나 실현하기 위해 노력하는 데에서부터 시작됐다. 나의 구명복은 결국 삶의 실오라기다. 가느다랗지만 분명한, 그 한 가닥만 있으면 된다.

*

  나의 세계는 나 자체라고도 생각한다. 위험한 생각일까? 하지만 나의 세계를 보여주는 건 나를 보여주는 것이나 다름없다.

  사실 꿈에서조차 나를 구해본 적 없다. 어쩌면 구했을 때나 구해졌을 때의 감각을 모르기 때문일지도 모른다. 단지 구하고 싶을 뿐이었고, 역시 무력감은 느껴지지 않았다. 그걸로 충분했다.

아침에 일기를 쓰는 건 기분에 좋다

한동안은 술을 자주 마셨다. 이틀에 한 번꼴이었다. 가끔 울었고 자주 웃었다. 친구에게 화를 내다가, 친구를 걱정하고 위로하다가, 친구를 그리워했다. 취하려거든 잘 취해야 하는데. 하긴 나는 취하지 않고도 대체로 엉망이니까. 아니면 술 깰 틈이 없는 건가. 잠에서 깨고 보면 오전이다가 오후이다가 밤이었다. 하루나 이틀쯤 아무것도 하지 않고 쉬고 싶긴 했지만 이런 식은 아니야. 한번은 일찍 일어나려고 일부러 남의 집에서 잤다.

뜻 없고 가없는 우울감에서 벗어나지 못할 것 같은 순간마다 그럴 수 있다, 우울해도 되고 우울하지 않아도 된다, 늘 같은 상태를 유지할 수는 없는 것이다, 생각한다. 그런 생각은 도움이 된다. 반대로 인생에 별 도움이 되지 않을 것 같은 생각도 의외로 도움이 될 수 있다. 이를테면 출근하러 집을 나서는 이의 재채기 소리가 복도에 울려퍼질 때, 그게 꼭 애니메이션 속 오리 울음소리 같다는 생각. 애니메이션 속 오리와 실제 오리는 다르지, 하지만 양쪽 다 귀엽지, 하는 생각. 사소하고 귀여운 것으로 채워진 늦가을 아침이다. 쌀쌀한 바깥 공기가 익숙해질 무렵마다 수능 시험이 가까워졌다는 사실을 실감하는데, 어느새 나는 스무 살보다 서른 살에 가까운 나이가 되었다. 나이를 먹는 건 별스러운 일이 아니다. 지금껏 한 해 한 해 꼬박꼬박 먹어왔으니까. 하지만 서른 살이 된다는 건 조금 별스럽게 느껴진다. 아니, 별스럽다기보다는 약간 머쓱하달까. 어릴 적 꿈꾸던 어른의 모습에 조금도 가닿지 못한 내가 이렇게 어른의 형상을 하고 있다는 게. 스무 살 부럽다, 그런데 진짜 안 부럽다, 이런 생각이나 한다는 게. 모쪼록 이 글을 보는 수험생들이 있다면 만족스러운 결과를 얻게 되기를 바란다.

일기를 쓰는 동안엔 한결 산뜻해진 기분을 느낀다. 때마침 배달 앱으로 주문한 브런치가 도착했다. 뜨거운 양송이수프를 조심스레 호호 불어 한 숟갈 두 숟갈 떠먹는다. 몸속이 부드럽게 데워지는 걸 느끼며 오늘은 은행에 갔다가 병원을 가자, 적금과 청약을 들고 통장도 새로 하나 개설해야지, 결심한다. 귀찮아서 오래 미뤄왔던 일을 왠지 할 수 있을 것 같은 기분이 된다. 아침부터 채근하는 엄마 전화를 받아서만은 아니다. 어쩌면 시를 한 편 써볼 수도 있겠지. 사실 매일 이렇게 생각한다. 쓸 수 있다, 쓸 수 있다고. 그러다보면 정말로 쓰게 되는 날도 있다. 이 말은 그러지 못하는 날이 더 많다는 뜻이기도 하다. 하지만 결코 시 때문에 하루를 구겨뜨리지는 않는다. 오늘 못 쓰면 내일 써도 되니까. 내가 시를 기다리는 것 이상으로 시가 나를 기다려준다. 보채지도 않으면서 아주 끈기 있게.

  좋은 아침이야. 아침에 일기를 쓰는 건 역시 기분에 좋다.

싫은 것을 생각하다가도 약해지는 마음

 사람들이 생각하는 아름다움이란 대체 무엇일지 궁금하다.
 나이를 먹어도 계속 좋아할 줄 알았던 것들에 싫증이 나버렸다. 영롱하고 아름다운 스티커, 푹신푹신한 인형, 쿠로미, 아이돌, 게임, 화장품…… 전부 다 질려버렸지. 나이를 먹었기 때문만은 아니고, 아무 이유 없이도 그렇게 되었다. 어느 날 문득 마인드웨이브 서머 에디션 스티커를 보고도 '예전만큼은 설레지 않아'라고 나도 모르게 속으로 중얼거리는 것이다. 그렇다면 언젠가 책과 영화, 커피나 일기, 시에도 흥미를 잃게 되는 날이 올까? 실은 이런 게 궁금하지는 않다. 아무래도 상관없다. 다만 내가 평생 사랑할 수 있는 단 한 가지가 있다면 그게 무엇인지가 궁금하다. 어쩌면 아직 만나지 못했는지도 모른다. 그러니까 내 삶에 침투한 적 없는 미지의 무엇일지도. 아니, 이미 싫증이 나버린 것 중 하나일 가능성도 배제할 수 없다.

그렇지만 나는 그게 시였으면 좋겠다. 어느 쪽이든 시. 이렇게 바라는 마음이 조금 싫다. 좋음이나 싫음과는 무관한, 내 삶의 아름다움이란 뭘까. 나는 늘 사람들이 무엇을 아름답게 생각하는지가 궁금했는데, 정작 내가 생각하는 아름다움이 무엇인지에 관해서는 관심이 없었다. 그렇다. 사실 나는 나의 생각에 대체로 흥미가 없다. 그런데 문득 새삼스럽게, 내 삶에도 아름다운 구석이 있다면 나는 그걸 사랑할 수 있을지 궁금해지는 것이다. 사랑하는 것들은 자꾸만 싫어지는데. 혹시 나는 '싫음'을 사랑하는 게 아닐까? 요상한 생각이 드는 새벽, 무엇도 아름답다고 느껴지지 않는데, 그러나 그것이 싫지가 않은데, 이 싫지 않음이 또 싫은데……

*

어느 날 꾼 꿈에서는 어떤 할머니가 나타나 나에게 청

경채 너무 많이 먹지 말라고 하셨다. 청경채 너무 많이 먹으면 마음이 약해진다고. 무슨 헛소리야? 나는 헛소리를 좋아한다.

나중에 혼잣말 많고 꼬장꼬장한 할머니가 되려나.

*

사실 나는 어릴 적 외할머니 집을 머릿속으로 개조하고 고쳐서 그곳에 살고 있다. 비밀의 방이 대여섯 개쯤 된다.

가벼운 외출

 통유리창으로 된 카페에 왔는데 방금 내 앞으로 누가 잠옷 입고 전력질주했어. 나는 그걸 커피를 후루룩, 마시면서 바라보고 있었던 거야. 조금 뒤에 그 사람이 여전히 잠옷만 입은 채로 세제를 안고 자신이 왔던 쪽으로 전력질주했다. 잠옷은 인간의 영혼을 약간 가볍게 만들어주는 역할인 걸까? 커피는 여전히 따뜻했어.

*

 예전에 쓴 이 일기를 다시 읽던 중 "세제"를 "세계"로 봤다. 그러니까 나는 이런 문장을 읽은 것이다. "그 사람이 여전히 잠옷만 입은 채로 세계를 안고 자신이 왔던 쪽으로 전력질주했다." 그런데 세계라고 쓰고 보니 다시 세제로 읽힌다.

　아무렴, 세제 속에도 세계가 있는 것이다.

왜 나에게는 언제나 치사량인가

왜 이렇게 여유가 없을까. 늘 초조하고 마음이 급하다. 해야 할 일들, 하기로 마음먹은 일들이 필요 이상의 부담으로 다가온다. 모든 걸 잘해내야 한다고 생각하기 때문일까. 하지만 이렇게 초조한 마음으로는 어느 것도 잘해낼 자신이 없다. 아니, 잘할 거다. 잘해야 하니까.

의사 선생님은 내게 인데놀을 처방해주었다. 심박수를 낮춰줘서 취준생들에게 면접 약이라고 불린다고도 했다. 그렇다면 나는 왜 언제나 면접받는 기분을 느끼는 것인지. 이유를 알지 못한 채로 멀어진 친구들에 대해서는 거의 매일 생각한다. 내 잘못이야. 그런데 무슨 잘못?

여전히 고민이 많고, 시를 쓰고 싶은 마음에 시달린다. 시를 쓰고 싶은 마음이 꼭 시를 쓰게 하지는 않는다.

바로 그 점에 시달린다. 이러다가 서른이 되기도 전에 신경쇠약에 걸리고 말 거야. 혹시 이미?

그런 와중에 계획했던 여행이 다가왔다. 원래 해외여행을 가더라도 별다른 준비를 하지 않는 편인데, 도쿄행을 앞두고는 혼자 가는 게 오랜만이라 일본어를 조금 공부했다. 현지에서 구사할 수 있으면 좋은 문장을 추려보았다. 킷푸와 도코데 카이마스카? 표는 어디서 사나요? 노리카에와 도치라데 시마스카? 환승은 어느 쪽에서 합니까? 칸코쿠고노 메뉴와 아리마스카? 한국어로 된 메뉴판이 있나요?

도모다치니 나리타이데스.
이건 친구가 되고 싶다는 뜻이다.

어쩌면 도쿄에서 새 친구를 사귈지도 모른다. 여행중에 나는 우울해도 되지만 기뻐도 된다. 즐거워도 된다. 그럴 수 있다. 그나저나 친구란 서로 면접을 보지 않는 사이인 걸까, 아니면 면접이 끝난 사이인 걸까. 친구라는 존재에 대해 생각하다보면 나에게는 치사량에 가까운 초조함과 불안감, 애정, 긴장감, 그리움 같은 낯익은 감각이 찾아든다. 내가 나에게 시달린다는 느낌. 왜 우정에 있어서도 나는 치사량을 감당하려고 할까. 재미없게.

료스케(한국인)가 알려준 High Voltage의 〈DUSK〉를 듣는다. 노래인데 어찌나 소리를 지르는지 알아들을 수가 없다. 아, 방금 스바라시를 알아들었어. 당신의 목청이 스바라시입니다. 나는 뭐, 그냥 이렇게 말하고 싶은 거지. 도모다치니 나리타이데스. 잇쇼니 아소보.

좀더 나중이라면 보다 먼 곳에 갈 수 있을지도 모른다. 얼마나 멀리까지 갈 수 있을까. 내가 사는 동안 가볼 수 있는 가장 먼 곳이 어디일지 궁금하다. 다만 그 어느 장소도 내 삶보다 멀게 느껴지지는 않는다.

떠나기 전에 내 생일이 있다. 나는 생일을 좋아한다. 축하를 받을 일이 좀처럼 없기 때문에. 일 년 중 딱 하루, 아무것도 안 하고 축하받을 수 있다는 게 좋다. 생일을 도쿄에서 보내고 싶다고 막연히 그려보기도 했었는데 실현할 수는 없었다. 대신 이태원에 가서 머리를 하기로 했다. 커트를 할 수도 파마를 할 수도 있겠지. 얼마나 달라질지 기대가 된다.

긴 여행과 생일, 케이크, 새로워질 머리, 곧 도착할 택배들.

이렇게 기대되는 일이 많은데 왜 계속 우울할까. 친구들이 보고 싶지만 아무도 만나고 싶지 않다. 글을 쓰고 싶지만 어떤 글도 공개하고 싶지 않다. 점점 더 나를 이해하기가 힘겨워진다.

도쿄 여행기 1

 혼자서 다녀오기로 했다. 모든 예약을 마치고 일정을 짰다. 일정을 짠 후에는 준비물을 점검했다. 별로 복잡하지는 않았다. 혼자 가는 여행이 익숙해서다. 심지어 어릴 때는 꽤 즐거워했다. 언젠가부터는 꼭 즐겁거나 설레지만은 않는데, 그럼 왜 가느냐 하면…… 낯설면서도 익숙한 곳에 가고 싶기 때문에. 아니, 사실은 여기에 있고 싶지 않기 때문에.
 도쿄행 비행기 티켓을 끊은 건 충동적인 선택이었다. 관광이나 쇼핑 목적은 아니었다. 그렇다고 휴식을 위해서라거나 글을 쓰기 위해서도 아니었다. 그렇다면 나는 왜 도쿄로 떠나야 했을까? 사실 한국이 아니라면 어디든 상관없었을지도 모른다. 도쿄는 가깝고, 마침 특가 항공권이 떴고, 이전에 한 번 방문한 적이 있어 혼자 다니기 수월할 것 같았기에 채택되었다. 목적은 오직 한국을 벗어나는 것뿐이었다. 즉 아무 목적이 없는 것과 마찬가지였다.

도쿄에서 네 생각 나면 들을 노래 하나 알려줘. 떠나기 전 료스케에게 부탁하자 그는 일본 밴드 'Have a Nice Day!'의 〈僕らの時代〉를 내 재생 목록에 추가해주었다. 이 노래는 일본 문화복장학원 학생들의 졸업 패션쇼에서 엔딩 곡으로 쓰였던 노래야. 제목은 '우리들의 시대'라는 뜻. 내가 발음할 수 있는 건 제목뿐이어서 헤드폰에서 이 노래가 흘러나올 때마다 보쿠라노 지다이, 보쿠라노 지다이…… 흥얼거렸다. 나에게는 우리도 없고 시대도 없지만.

어째서 상실감이 기본값인 걸까.

나는 이미 방향성을 상실한 채로 한국을 떠났다. 그렇게 도착한 도쿄에서 한 일이라곤 길을 잃지 않기 위해 애쓴 것뿐이었다.

첫날엔 햇볕이 뜨겁고 바람이 많이 불었다. 비 소식이 있었지만 비는 오지 않았다. 다행이라거나 불행이라는 생각은 들지 않았다. 모든 게 너무 지나치다고 생각했다. 이렇게 지나치게 강한 볕이 내리쬘 일인가. 이렇게 지나치게 큰 바람이 불 일인가. 4월이었는데 4월답지 않다고 느꼈다. 내가 아는 4월 날씨는 적당히 서늘하고 적당한 설렘을 동반하며 사람을 적당히 우울하게 만드는데. 음, 적당하다는 건 과연 뭘까. 적당하다는 말이 약간은 무책임하다는 생각을 했다. 이런 나의 생각과 감정 역시도 적당하지 못했고(언제나 과도하거나 모자랐다) 나는 나에게 무책임했다. 오래 걷다가 발가락이 아파 양말을 벗어보니 언제 생겼는지 모를 물집이 이미 터져 있었다.

많은 것을 보고 싶었는데 실은 아무것도 보지 못했다. 정확히 무엇을 보고 싶은지 알지 못했기 때문일까. 무엇을 봐야 좋을지 따져보고 고르는 데 시간을 다 써버렸기 때문일까.

나는 아사쿠사바시역 근처의 숙소에서 묵었다. 그 밖에도 나카메구로, 다이칸야마, 시부야, 하라주쿠, 고엔지, 기치조지, 도쿄역, 긴자, 신주쿠…… 많은 장소에 들렸지만 어느 곳에도 머문 적이 없는 것만 같다. 그러니까 나카메구로에 갔지만 나카메구로를 봤다고 하기는 어려운 식이다. 내가 나카메구로의 무엇을 봤지? 그래도 기억을 더듬어보자면, 벚꽃 명소로 알려진 메구로 강변은 거의 초록빛으로 물들어 있었다. 늦봄보다는 초여름이라고 해야 어울리는 날씨였으니까. 나는 나뭇가지에 조금 남은 벚꽃 가까이에 다가가서 사진을 찍었다. 바람이 불 때마다 흐린 분홍빛의 꽃잎이 한 장 한 장 떨어져 내렸다. 평일 이른아침부터 등교하는 학생들과 출근하는 직장인들이 나를 지나쳐 갔다. 나는 그들이 입은 교복을 걸치고 그들이 멘 가방을 메고 일행인 척 무리에 끼어들고 싶었다. 야, 너 가방 열렸어. 뻔뻔스럽게 장난쳐보고 싶었다.

하지만 현실은 묵언 수행. 내가 할 줄 아는 일본어라곤 안녕하세요와 미안해요, 고마워요뿐이니까. 안녕히 계세요를 알지 못해 가게를 나설 때마다 고맙다고 말했다. 가게 주인이 나보고 다시는 오지 마세요, 하더라도 나는 고맙다고 대답했을 것이다. 물론 그런 일은 없었겠지만.

예전에 처음 도쿄에 왔을 땐 나카메구로와 다이칸야 마를 왜 마음에 들어했더라? 심지어 벚꽃잎은 한 장도 보이지 않는 여름이었다. 땀을 뻘뻘 흘리며 아이스커피를 마셨는데. 마음에 드는 옷을 사서였던가? 그때 나카메구로에서 산 원피스를 입고 다시 나카메구로에 갔는데 그 옷가게가 여전히 있어서 반갑고 실망스러웠다. 내가 그곳을 바로 알아봤기 때문에 무언가 완성되려다 말았다는 느낌이 들었다. 들어가서 옷을 사려고도 해봤지만 적당한 게 없었다.

그리고 재차 방문한 곳이 또 있다. 시부야의 '니시무라 후르츠 파라'라는 카페. 파르페와 팬케이크 등을 판매하는 곳이다. 전에는 옷 구경 삼매경인 여동생 칠리를 버리고 나 혼자 왔었다. 이곳에서 본 장면으로 「파르코백화점이 보이는 시부야 카페에서」라는 시를 쓰기도 했는데, 실은 이 카페에선 파르코백화점이 보이지 않는다.

처음 왔을 때 초콜릿 파르페를 먹고 무척 감동했던지라 이번에는 시그니처 메뉴인 '에밀리의 파르페(파파고의 힘을 빌렸지만 정확하지 않다)'를 주문했다. 봄 딸기와 레몬과 치즈가 들었다고 적혀 있었다. 무려 이천백오십 엔짜리인데 맛은 실망스럽기 그지없었다. 지나치게 시큼해서 내용물이 별로 조화롭게 느껴지지 않았다. 나는 잠시 에밀리를 원망했고 메뉴판에 붙은 이 파르페를 만든 장본인의 사진(에밀리인가?)을 보며 왠지 샐쭉한 마음이 되었다. 그냥 초콜릿 파르페를 먹을 걸 그랬어, 다음번엔 꼭. 한국에 있는 친구에게 후회하는 카톡을 보냈지만 이제 다시 이곳에 올 일은 없으리라는 걸 알았다.

아 지긋해 아 영원해
모두가 귀엽고 비정해

—「파르코백화점이 보이는 시부야 카페에서」 중

시부야는 파르페에 얼굴을 처박고 우는 상상을 하기에 좋아. 그렇지만 나는 이제 잘 울지 않고 상상도 많이 하지 않는다. 만약 잘 가라고 인사하는 가게 주인에게 다시는 이곳에 오지 않을 겁니다, 말한다면? 메뉴판 속

파티셰 복장을 한 에밀리(추정)가 천천히 얼굴을 일그러뜨린다. 그리고 이렇게 말하는 것이다. 아리가토 고자이마스!

스크램블 교차로를 건너는 동안 헤드폰에서는 보쿠라노 지다이, 보쿠라노 지다이, 노래가 흘러나왔는데 나는 무엇을 우리라고 해야 좋을지, 무엇을 시대라고 해야 좋을지 여전히 알지 못했다. 적어도 이번 도쿄 여행 속에 우리나 시대는 없었다. 오직 나 혼자였고, 어디에 있어도 소격감을 느꼈다. 딸기는 딸기대로, 레몬은 레몬대로 겉돌며 자기주장을 펼치던 파르페처럼. 나는 심하게 딸기, 심하게 레몬 같은 기분으로 도쿄의 번화가를 가로질렀다. 구글 맵을 보느라 휴대폰을 손에서 놓지 못하면서 사람들에게 치이지 않기 위해 애써야 했다.

해질녘, 노을이 진한 치즈처럼 녹아내리고 있었다.

도쿄 여행기 2

 일본에는 디자이너 브랜드가 많다. 패션업에 종사하는 료스케와 칠리의 위시 리스트를 훑었다. 파르코백화점에서 언더커버 티셔츠를, 히스테릭 글래머에서도 티셔츠를 샀다. 고작 티셔츠 두 장일 뿐인데 삼만 엔을 웃돌았다. 빈티지 옷가게는 시부야, 하라주쿠에도 많지만 고엔지와 시모키타자와가 더 유명하다. 그러나 어디를 가도 내가 건질 만한 건 없었다. 빈티지 상품이라고 해서 가격이 저렴한 것은 아니었고, 오히려 이제는 생산되지 않아 정가보다 비싸진 경우도 있었다. 희귀하고 구하기가 어려워져 상품 가치가 올라간 것이다. 나는 그게 당연하면서도 좀 웃긴다고 생각했다. 옷을 사람으로 바꾸면 이런 대화도 가능할 것 같았다.

 ―이 사람 솔드 아웃이에요.

―웃돈 대신 웃마음을 주고서라도 가질 수는 없나요?

―등가교환이 가능한지 확인이 필요합니다.

―웃겨. 그래봤자 중고면서. 내 마음은 잠재된 가능성까지 고려해주어야 한다고.

―당신 마음도 중고 아닌가요?

어쩌면 어느 드라마 대사처럼, 정말 돈으로 해결할 수 있는 일이 세상에서 제일 쉬운 법일지도 모른다. 나는 아주 넉넉하지는 않지만 모자라지도 않게 환전을 해 갔다. 몇 벌 입어보거나 몸 위로 대보기도 했지만 딱히 마음에 쏙 드는 옷은 없었다. 다른 사람과 함께 왔더라면 달랐을까. 너 이거 입어봐, 진짜 웃기겠다. 야, 그거 잘 어울려. 하나 사. 이렇게 말해줄 누군가가 있었더라면. 아쉬운 마음에 어느 빈티지 옷가게에 걸려 있던 새빨갛고 펑퍼짐한 여름 원피스를 입고 거울 샷을 찍어 칠리에게 전송했다. 칠리는 아주 황당한 걸 다 보았다는 듯 당장 벗으라며 닦달했다. 그제야 기분이 나아졌고 한편으로는 그렇게 안 어울리나 싶어 머쓱했다.

옷을 다 둘러보고 난 뒤 타워 레코드에 가자 우타다

히카루의 노래가 흘러나왔다. 이십 년 전에 데뷔한 가수가 왜 지금 다시 소환된 걸까? 넷플릭스에 드라마 〈퍼스트 러브 하츠코이〉가 올라오면서 그 주제곡을 부른 우타다 히카루가 다시금 주목받게 된 걸까? 궁금해하면서 나는 래드윔프스의 2006년도 앨범을 집어들었다. 과거를 그리워하는 건 인간의 오랜 습성인지도 모른다. 그러니 어쩌면 우타다 히카루는 오히려 소환되지 않은 적이 없을지도. 우타다 히카루의 〈First Love〉를 들으면서 〈퍼스트 러브 하츠코이〉 속 눈 내리는 삿포로를 떠올렸다. 료스케와 함께 보기 위해 나는 그 드라마를 두 번 보았다. 타워 레코드에서 구매한 래드윔프스 앨범 역시 료스케에게 줄 선물이었다. 그런 상념에 빠지자 료스케가 그리워졌다. 정말 많이.

하라주쿠의 키디랜드에서 산 리락쿠마 동전 지갑은 하루 만에 지퍼가 고장났다. 한국에 돌아가면 수선집에 맡겨야겠다며 속상해하는 나를 리락쿠마는 멀뚱멀뚱한 표정으로 쳐다보았다. 만지니 부드러웠다.

하라주쿠에서 먹은 건 멜론 소다와 마카다미아 팬케

이크. 팬케이크 위의 크림이 따뜻해서 놀랐다. 예상치 못한 온기는 언제나 나를 놀라게 한다. 그렇지만 있지, 나는 차가운 크림을 원했어. 고작 이런 게 슬픔이나 침울함의 이유까지는 못 되지만 나는 따끈따끈한 팬케이크를 내버려두고 담배나 피우러 나갔다. 거리는 홍대 어느 골목과 다를 바 없어 보였다. 입안에 남은 마카다미아 부스러기가 잘게 씹혔다.

그 밖에도 문구점과 공원을 자주 찾았다. 문구점에서는 편지지 세트와 엽서, 노트, 스티커 같은 걸 샀다. 작년 긴자의 이토야 문구점에 갔을 때는 이만 엔이나 썼는데 이번에는 이천 엔도 채 쓰지 않았다. 실은 두번째로 방문한 모든 곳에서 허탕을 쳤다. 그렇다고 해서 이전의 좋았던 기억들이 야속하게 느껴지지는 않았다. 단지 그리울 뿐이었다. 다시는 돌아오지 않을 어떤 것들이.

이노카시라 공원이나 신주쿠 공원에서는 사진을 찍느라 바빴다. 연못과 겹벚꽃, 커다란 나무들이 아름다웠다. 곳곳이 연두와 분홍 일색, 사실은 총천연색. 걷고 또 걷다가 힘이 들면 벤치에 앉아 쉬었다. 꽃이나 나무와 함께 내 사진을 남겨보기도 했다. 행인을 붙잡고 찍어달라고 할 용기는 나지 않아서 셀프로 찍었다. 이렇게 혼자서라도 사진을 찍어두면 당시엔 보지 못한 무언가를 나중에 화면 속에서 발견하게 되기도 한다. 이를테면 낮지도 높지도 않게 하늘을 가로지르며 지나가는 비행기, 금방이라도 녹아 사라질 것 같은 구름, 연못에 비친 풍경. 벤치 아래엔 개미들이 파놓은 구멍이 가득했다. 구멍마다 각자의 어둠이 도사리고 있었다.

가족에게 줄 선물로 긴자의 백화점에서 양말을 샀다. 이토록 촉감이 부드러운 양말은 처음이야. 그리고 양말을 십만원어치 구매한 것도 처음이었다…… 하지만 무척 얇고 찰랑거리는 소재여서 여름에 신기 적합해 보였다. 다른 가족보다 먼저 받아본 칠리는 뭐 이렇게 비싼 양말을 샀어? 기겁했지만 다음날 그 양말을 신고 외출했다. 칠리가 좋아하는 녹차 색깔이었다.

마지막 밤은 신주쿠에서 보냈다. 숙소 근처의 아사쿠사바시역. 밤거리를 밝힌 형형한 간판 불빛들. 문 열린 가게들에서 풍겨 오던 음식 냄새. 대도시는 비슷비슷한

밤을 흘려보내는구나. 술을 마시면서 나 역시 대도시의 흔한 밤 풍경이 되어갔다.

숙소로 돌아와서는 커피와 푸딩을 먹었다. 푸딩의 식감은 왠지 허무하지. 깨물면 너무 쉽게 으스러지니까. 반쯤 남은 푸딩이 왠지 스스로 사라질 것만 같았다. 푸딩에게는 아무런 의지가 없을 텐데도.

나리타공항에서 남은 만 엔을 전부 써버렸다. 고급스럽게 포장된 과자와 초콜릿, 케이크를 사서 미련 없이 비행기에 탑승했지만 여전히 내가 어디에 있는지 모르겠다는 느낌이었다. 이렇게까지 돈과 시간을 쓸 필요는 없었을 텐데. 그래서 나에게 남은 건 무엇이지? 다만 이토록 허비를 하고도 아직 나를 다 탕진하진 않았다는 사실만이 숙취처럼 남아 있었다.

이 여행은 어떤 의미를 지닐까. 순수한 기쁨과 감동, 즐거움, 반가움? 그런 건 미미했다. 그러나 다시는 돌아오지 않을 어떤 시간이 또 한번 완성되어가고 있다는 것만은 분명했다. 완성되는 게 아니라 영원히 완성되어가는 식으로.

속초 일기

 한밤중 갯배를 타고 호수를 건너자 뭔가 다른 세계에 도착한 것 같았다. 뭍에 내려 찾아간 노란 조명이 켜진 펍이 특히 그랬다. 그곳에선 어쿠스틱 버전으로 리메이크된 옛날 팝송들이 흘러나왔다. 엘비스 프레슬리의 〈Can't Help Falling in Love〉를 따라 부르면서 이런 식의 편곡은 지나치게 서정적이지 않나, 생각했지만 왠지 자꾸만 감상에 빠져들었다. 낮의 바닷가에서 본 헬륨 풍선들과 헬로키티가 그려진 장난감이 떠올랐다. 모래사장 위 아무렇게나 쌓여 있던 튜브들도. 어렸을 때 그런 걸 가지고 놀지는 않았지만, 왠지 전부 두고 온 느낌. 아득한 과거에. 사라진 세계에.

 어쩌면 그 펍은 정말로 다른 세계의 공간인지도 몰랐다. 그렇다면 원래 내가 있던 세계의 존재를 증명할 만한 건 뭐가 있을까. 가진 거라고는 휴대폰과 시장에서 사 온 커다란 빵 한 조각뿐이었다. 나는 세계의 거의 유일한 증거를 천천히 뜯어먹으며 생맥주를 마셨다. 세계의 거의 유일한 증거에서는 약간의 단맛이 날 뿐이었다. 매우 담백한 그 맛이 중독성 있었다. 무엇보다 거인의 손처럼 두툼하고 커다래서 아무리 먹어도 어떤 일부가 사라졌다고는 느껴지지 않았다. 생맥주는 목 넘김이 부드럽고 시원했다. 왠지 나는 너무 오래 이 세계에 머물러버린 방랑자처럼, 지쳐 있다 가까스로 회복되는 기분을 느껴야 할 것만 같았다. 눈앞에서 갯배가 천천히 다가왔다가 잠시 멈춘 뒤 멀어지기를 반복했다. 배 위에는 배를 움직이기 위해 선체와 선착장을 연결한 줄을 끌어당기는 사람이 있었는데, 그는 이 세계와 저 세계를 오갈 수 있지만 이 세계나 저 세계에 내릴 수는 없는 사람이었다. 이런 식의 이해는 간단하고 슬프다.

맥주를 다 마시곤 다시 건너편의 호텔로 돌아갔다. 샤워를 하고 나와 잠옷으로 갈아입고 담배를 피우며 아, 하나도 아득하지 않구나, 조금도 사라지지 않았구나 생각했다. 대관람차의 불빛은 꺼지고 갯배를 움직이던 사람도 퇴근할 것이다. 여행이란 무엇일까. 도대체 일상과 뭐가 다를까. 여행의 의미가 뭔지 알고 싶었는데, 그런 걸 알려고 할수록 여행이 의미를 잃어가는 것 같았다. 그래서 의미라는 게 도대체 무슨 의미인 건데. 어떤 여행을 했는지 증명하는 일이 왜 필요한데. 나에게 되묻고 싶어졌다. 나도 몰라, 하나도 몰라, 그렇지만……

그래서 그 여름의 속초에서 뭐가 좋았냐면, 엘비스 프레슬리의 〈Can't Help Falling in Love〉를 어쿠스틱 버전으로 들은 게 좋았지. 지나치게 서정적이고 낭만적인, 오래된 생각들이 내 머릿속을 거닐었지. 네가 곁에 있었지. 누가 봐도 관광객처럼 보였지. 우리 여기 앉아 남의 일상 관광했지. 그건 분명 나의 세계는 아니었고 다른 세계라고 불러도 무방했지. 심지어 바닷속에는 물고기도 헤엄치고 있었네. 나도 풍덩 빠져버리고 싶었다. 튜브 대신 헬륨 가스가 든 헬로키티 풍선 쥐고서. 물고기가 벌써 내 발가락을 간지럽히네. 푸른 에메랄드빛 물결. 이렇게 뻔히 들여다보이는데도 아름답네. 겪고 나면 이것도 나의 세계에 편입된다는 게. 나는 얼마든지 나의 기억을 관광할 수 있으니까.

별로 놀랍지 않은 사실 하나. 관광객은 어떤 장소나 풍경을 급하게 사랑해버린다. 심지어 제대로 관광하지 않고도 사랑하거나 혹은 반대로 역겨워할 수 있다. 나는 너한테, 또는 나한테 어떤 관광지가 될 수 있을까? 마음속을 가로지르는 배를 움직이기 위해 줄을 끌어당긴다. 안녕, 여기가 나의 세계야. 물론 전부는 아니야.

실은 열쇠 따위 필요하지도 않다

학생 때는 힙합을 좋아했고 성인이 되면서는 록을 좋아하기 시작했다. 그런 나에게 아이돌 그룹에 대해 써달라니? 친구들이 좋아하던 풋풋하고 청량한 콘셉트의 연예인, 혹은 제복을 입고 칼군무에 맞춰 숨이 차게 노래를 부르거나 요정 같은 미니 드레스를 입고 무대 위를 나풀나풀 날아다니는 그런 가수들 말이야. 나는 기억 속 여러 아이돌의 이미지를 떠올리며 낯선 발신자로부터 받은 이메일을 유심히 들여다보고 있었다.

신인 걸그룹 'KiiiKiii' 데뷔 프로젝트 협업 제안
(……) 신입 걸그룹 데뷔 프로모션으로 여러 크리에이티브한 방식을 통해 그룹의 로고를 공개할 계획인데, 시인님께서 그룹의 콘셉트를 재료로 '시'를 써주신다면 이

를 프로모션에 활용하고자 합니다. 특히 『샤워젤과 소다수』에서 보여주신 사랑의 태도가 'KiiiKiii'의 콘셉트와 부합하는 부분이 있어 좋은 콘텐츠가 탄생하리라는 기대감이 있습니다.

한 번도 협업해본 적이 없는 엔터테인먼트 산업, 심지어 데뷔도 아직 안 한 아이돌 그룹이라니 무척 생소한 제안이었다. 게다가 정확한 원고료가 적혀 있지 않았다. 작업 가능 여부를 알려주시면 함께 의논하여…… 와 같은 말로 아직 미정임을 짐작할 수 있었을 뿐. 고민 끝에 엔터테인먼트사에 근무하는 친구 Y에게 연락을 취했다. 그런데 이게 웬걸. Y가 KiiiKiii의 담당 스태프라는 것이었다. 너, 요즘 바빴던 이유가 이거 때문이었니? 눈물을 글썽이며 고개를 끄덕이는 Y가 눈앞에 선했다. Y는 이 프로모션에 대해 알면서도 나에게 협업 제안이 갈 줄은 꿈에도 몰랐던 눈치였다. 선경아, 여기 돈 많아. Y의 든든한 조언 덕분에 나는 자신감을 얻었다. 그리하여 호기롭게 미팅에 나서면서는, 혹시 멤버들도 나오려나……? 하는 기대감을 지울 수 없었다. 아쉽게도 나에게 연락을 준 담당자와 단둘이 한적한 카페에서 만나 대화를 나눴지만.

그날 처음 KiiiKiii의 노래를 듣고 멤버들의 사진을 보았다. 모든 정보는 극비에 부친다고 하여 왠지 스파이가 된 기분이 들었다. 실은 벌써 입이 근질거렸다. 그러니까 이들이 어떤 노래와 어떤 콘셉트를 가지고 세상에 나오게 될지 극소수만 알고 있다는 거지? 그런데 그중 하나가 나라는 거지? 선생님께 몰래 사탕을 받은 아이처럼 가슴이 두근거렸다. 기분좋게 떨리는 마음으로 그간 써둔 시 몇 편을 전달했다. 미발표 신작 중 KiiiKiii의 콘셉트와 부합할 만한 몇 편을 골라 온 것이었다. 한 편은 화자가 너무 성숙해서 패스. 한 편은 사실 내 시집에 싣고 싶어서 패스(왜 가져온 걸까?). 남은 한 편을 두고 우리는 동시에 고개를 끄덕였다. 제가 잘해보겠습니다. 그런데 원고료 말입니다…… 이 대목에서 나는 침을 꿀꺽 삼켰다. Y의 강경한 조언이 떠올랐다. 무조건 크게 불러. 크게. 그래, 크게 불러야지, 생각은 했는데 막상 입을 열자 사설이 길어졌다. 사실 아이돌 그룹의 데뷔 프로모션에 시를 동원하는 것은 업계에서 최초가 아닙니까? 그러니 제가 받는 첫 고료가 어떤 기준이 되리라 생각합니다…… 동료 시인들을 위해서라도! 저는 받을 수 있는 만큼 많이 받아야 한다고 생각합니다. 저에게 할당된 최대 예산이 얼마이지요? 나의 두 눈은 뜨거운 동료애로 이글거렸다. 아, 친애하는 동료 시인 여러분. 나는 여러분을 팔아 시 한 편의 고료를 한 달 알바비 수준으로 책정하는 쾌거를 이뤘습니다.

시를 고치는 동안에는 꽤 골머리를 앓았다. 그룹의 콘셉트를 드러내면서도 나의 색깔을 잃지 않고 싶었기 때문이다. 물론 그들과 나의 색깔이 어느 정도 부합하는 면이 있어 참여하게 된 것이지만 자꾸만 자신감을 잃어갔다. 수정 요청을 받을수록 그랬다. 뜻밖에 부딪힌 가장 큰 문제는 당시 멤버들이 전원 미성년자라는 점이었다. 나의 의도와 무관하게 성적으로 읽힐 여지가 있는 부분은 모두 걷어내야 했다. 이를테면 무릎과 같은 신체 부위마저도. 맙소사. 그렇게 읽는 쪽이 이상한 거 아니야? 하지만 일말의 가능성조차 제거하고자 하는 회사의 입장에 따라, 수정에 수정을 거듭했다. 오케이를 받아낸 건 시를 붙들고 앉은 지 반년이 지나서였다.

*

KiiiKiii's Diary

   무엇이든 열 수 있는 열쇠와 아무것도 열 수 없는 열쇠가 있다
   두 열쇠를 구분하지 못하면서 모두 가진 이는 전능할까 무능할까

   이건 질문으로 된 농담이고, 키키
   나는 시시껄렁한 농담도 시시껄렁하지 않게 해

   교복 입은 여자애들이 횡단보도를 건널 때
   헤이, 너 가방 열렸어 말해주고 싶지만 그애들은
   나를 모르지 진짜 하나도 모르지

   열쇠란 건 말이야, 문을 열 수 있지만 잠글 수도 있다
   누구나 보이지 않는 자기만의 비밀 다이어리를 가졌으니까

나도 공공연한 비밀 하나 알려주는 거야

이런 말 약간 만화 대사 같고
나는 한 번쯤 만화 주인공이 되어본 적 있는 것 같다
누군가는 갱지가 너덜너덜해지도록 읽은, 달콤한 냄새로 케케묵은

키키, 덜 마른 티셔츠처럼 무겁고 싶지 않아
한없이 펼쳐지는 낱장이 될래 거기에
무엇도 적고 싶지 않지만 적어도

나는 한바탕 울고 난 뒤에도 영양제를 챙겨 먹는
뮤지션이 멋지다는 걸 알아
한밤중 불 켜진 약국을 발견했다고 해서
황급히 아파야 할 것 같은 기분이 들지 않아

키키, 어딘가 아삭아삭한 발음
콤플렉스가 있다면 들키고 싶다는 거
맨 뒷장에서 우르르 쏟아지는 낙서처럼

그렇지만 이모티콘을 수천 개 그려넣어도 아무도
내 진짜 표정을 모르지 하나도 모르지

왜냐하면 나는 만화 주인공이 아니고
여기서 데모 버전의 사랑을 받아 적고 있다

내가 가진 두 가지 열쇠 중 어떤 열쇠로
너를 열 수 있을까 고민해보지만

실은 열쇠 따위 필요하지도 않다

  소녀들은 어떤 식으로든 솔직하다. 누구라도 좋으니 자신을 알아주길 바라는 마음을 비밀 다이어리에만 적을지라도 말이다. 친해지고 싶은 아이에게 농담을 던지는 것, 멋지다고 생각하는 것에 대해 멋지다고 말하는 것, 덜 마른 티셔츠처럼 무거운 기분이 들 때는 비밀 다이어리의 낱장이 되어 사방으로 흩어지는 상상을 하는 것. 내가 멋대로 상상한 소녀의 이미지는 그런 것이다.

자기 자신을 콤플렉스처럼 여기지만 도무지 사랑을 그만두지 못하는 소녀들에게 열쇠를 쥐여주고 싶었다. 무엇이든 열 수 있는 열쇠를. 그러나 사실 소녀들에게는 애당초 열쇠가 필요치 않다. 열쇠 없이도 비밀 다이어리의 자물쇠를 손쉽게 풀고 자기 자신을 읽어내려갈 수 있다. 그건 이미 모든 걸 열 수 있는 것과 마찬가지다.

KiiiKiii의 데뷔 티저로 공개되었던 이 시는 지금도 그들의 공식 인스타그램 계정에 누구나 볼 수 있도록 게시되어 있다. 당시에 나보다 감격스러워한 건 주위 친구들이었다. 이제는 곳곳에서 그들의 노래가 울려퍼진다. 작년 여름 한적한 카페에서 처음 들은 노래가 정말 이 노래인가? 확신할 수가 없다. 누군가는 '어떤 프로모션보다도 고선경과의 협업이 KiiiKiii의 정체성을 와닿게 했다'는 트윗을 남기기도 했다. 이거면 충분하지. 과하게 충분하지. 힙합이나 록 대신 〈I DO ME〉를 들으며 내가 잘 모르는 소녀들을 상상하는 나날. 그래, 소녀들은 스스로 원하는 열쇠를 만들어낼 수도 있고 열쇠를 던져버릴 수도 있지. 장난스럽게 웃어버리면 그만이다. 나는 정체가 들통난 스파이로서 이제 자취를 감추게 되었지만 한때는 소녀들에게 행운을 빌어주었다는 그런 이야기다.

그런데 멤버들은 내가 남긴 다이어리의 암호는 풀었을까? 암호 따위 필요하지도 않지만 말이다.

2부

시는 써야겠고, 슬프네

하루살이가 알전구 주위를 맴돌고

감기라도 걸리고 싶어서 환절기를 기다리던 여름이 있었다.

계절과 기분이라는 착각들

때때로 삶이 치사하다고 느낀다. 삶을 사람으로 바꿔 말해도 다르지 않다.

언젠가는 술을 마시다가 누군가의 험담을 하기도 했다. 험담을 하고 나니까 부끄러워서, 부끄러운데 속이 다 시원해서, 또 부끄러웠다. 험담은 좋지 않다. 듣는 사람에게도, 하는 나에게도. 내가 치사하기 때문에 삶이 내게 치사한 걸까? 험담만 한 것은 아닌데 꼭 그것만 생각이 난다.

다원에서 작업을 해보려 절에 다녀온 날, 성신여대역 근처 식당으로 향하는 택시 안에서 S가 말했다. 밤 되면 불상들끼리 모여서 이야기할 것 같지 않아? 맞아, 맞아. 생각해보니 밤의 사찰에 가본 적은 없어. 밤 되면 무섭겠다. 서울숲도 새벽에 가면 무섭대. 새벽에…… 무섭지 않은 곳은 잘 없어. 그렇네. 새벽에는 내 얼굴도 무섭지. 이런 대화를 하기도.

자고 일어났는데 잠이 온다. 하루종일 잠이 온다. 왜인지 계속해서 가라앉는 기분이 드는데, 그것이 무섭지 않고 편안하다.

좋아하는 카페에서 큼직한 복숭아 조각들이 켜켜이 쌓인 케이크를 먹었다. 장마전선이 북상해서 이제 '한증막 더위'가 찾아올 거라고 했다. 이미 너무 더운 날씨인데, 여름바람은 천연덕스럽게 불어온다. 밖에서 담배를 피우며 너무 덥다, 너무 덥다, 속으로 중얼거리는 사이 컵 속의 얼음이 다 녹았다. 커피는 진작에 마셔버렸다.

책을 읽다가 휴대폰을 만지작거리다가 담배를 피우고 글을 쓰는 평일 오후. 남들은 버거운 하루를 보내고 있을 때다. 이렇게 나태한 시간 속에서 나는 불안하지 않다. 도무지 불안하지가 않다. 최근에 만난 어른들이 모두 나와 나의 앞날을 걱정하는데, 나는 다른 것들을 불안해하느라 내 문제까지 떠올리지는 못하고 있다. 인생을 이렇게 살아도 될까, 라는 생각을 자주 하지만 이렇게가 어떻게인지조차 정확히 알 수 없으니까.

내가 불안해하는 것은 실체가 없는 것들. 추상적이기만 한 것들. 세부가 아닌 총체. 그러나 실감되는 것들. 위기감은 매일 엄습해온다. 병원에서는 나의 감정이 증상이라고 한다. 이제 그 말을 들을 때 어떤 슬픔도 분노도 느끼지 않는다. 유리컵을 가리키며 유리컵이네요, 하는 말을 듣는 것처럼 무감하다. 그 유리컵은 나의 상상 속에서 조각나고 깨지지 않는다. 나를 상처 입히지 않는다. 반짝이거나 아름다워 보이지도 않는다. 유리컵은 그저 유리컵. 때때로 자신이 유리로 만들어졌다는 사실을 견뎌야 하는…… 아니, 이런 생각은 감상에 빠진 나 혼자만의 착각이다.

수많은 착각 속에서 여름을 나고 있다. 나는 괜찮은 사람이라는 착각, 또는 끔찍한 사람이라는 착각. 그런데 착각이 착각이라는 것을 인지하면 더이상 착각이 아니게 되는 것 아닌가? 어떤 착각은 아늑하게 느껴진다. 차가운 커피 속에 가라앉은 얼음처럼 가끔 나는 착각 속에 잠겨 있고 싶은데. 추워. 문득 에어컨 바람이 지나치게 세다고 느껴지고 그것이 마음에 든다. 아니, 마음에 든다는 착각일까? 쓴 커피를 마셨는데도 입안에는 여전히 케이크의 단맛이 남아 있다. 복숭아 조각의 아삭한 식감이 남아 있다.

새벽까지 무섭게 천둥이 쳤는데 장마가 끝났다는 게 거짓말 같다. 매일 비가 오지 않기를 바랐는데, 막상 지나고 나면 정말 이렇게 끝이야? 묻고 싶어진다. 장마가 끝나도 여름이 끝나지 않는다는 건 괴롭다. 거짓말. 하나도 괴롭지 않다.

여름바람. 투명한 손가락처럼 나를 간지럽히며 지나가는 여름바람을 떠올려보자. 눈을 감고 이렇게 중얼거리는 것이다. 기모치 와루이……

좋아하는 걸 좋아하기를 멈추고 싶지 않았다

학부 시절에는 한 학기 동안 근로장학생으로 일했다. 문예창작과 전공 서고를 지키는 일이었다. 전공 서고는 도서관과 별개로 학과에서 관리하는데, 복도 끝 후미진 위치에 있어서인지 이용하는 학생이 많지 않았다. 어느 정도였냐면 학기 내내 책을 찾거나 빌리기 위해 방문한 학생이 단 한 명도 없었다. 나는 불성실한 근로장학생이었고 주로 딴짓을 하거나 엎드려 잠을 잤다. 심지어 문도 잠그지 않은 채 자리를 비우기도 했다. 그날도 나는 추위에 몸을 움츠린 채 책상에 엎드려 자고 있었다. 하필이면 그때 교수님이 책을 빌리기 위해 전공 서고를 찾았다. 덜컥 문 열리는 소리에 게슴츠레 눈을 떴다가 교수님과 눈이 마주치자마자 허둥지둥 자리에서 일어났던 기억이 난다. 무슨 일이세요? 같은 말을 했겠지. 창밖에는 노란 은행잎들이 소리 없이 반짝이며 바람에 뒤척였다. 응, 책을 좀 찾으려고. 많이 피곤하지? 교수님이 빙그레 웃으며 말을 건넸고 나는 조금 부끄러워졌다. 그때 무슨 책을 빌려 가셨는지는 기억나지 않는다. 아마도 두꺼운 이론서였을 것이다. 매일 잠만 잔 건 아닌데, 때로는 책을 읽기도 했는데, 왜 하필 오늘. 약간 억울한 마음이 들었던 건 내가 교수님께 잘 보이고 싶어하는 학생이었기 때문일 것이다.

스무 살. 대학교에 막 입학했을 때 내가 본 학생들은 거의 모두 패배감에 젖어 있었다. 의문스러웠다. 분명 실기를 치르고 입학했을 텐데? 그렇다면 성적에 맞춰 들어온 게 아니라 자신이 원하는 전공을 선택해서 온 거 아닌가? 왜 억지로 끌려온 듯한 표정을 짓고 있어? 물론 나 역시 가장 원하던 학교에 입학한 것은 아니라서, 아쉬운 마음이 아주 없었다고 하면 거짓말이다. 나는 사년제 대학교에 입학하기를 소망했지만 성적도 실기도 자신 없는 학생이었다. 그래도 우여곡절 끝에 바라던 문예창작과에 입학했으니 원하는 공부를 하고 원하는 글을 쓸 수 있다는 생각에 가슴이 설렜다. 학교 이름은 문제가 되지 않았다. 다만 동기들의 어두운 표정, 막막함을 토로하는 목소리, 스스로를 우물 안 개구리 취급하는 주눅 든 태도가 신경쓰였다. 이제 시작인데 왜 그렇게 풀이 죽어 있냐며 핀잔을 주는 것도 한두 번이었다. 동기들이 점치는 암담한 미래에 나의 미래까지 저당 잡힐 것 같았고 그로 인한 불안과 우울이 전염될 것 같았다. 학교 인지도가 낮은 이유가 아웃풋이 없어서라면, 내가 아웃풋이 되면 되잖아. 차마 소리 내어 말하지는 못했지만 나에게는 그런 포부가 있었다. 포부가 아니라 발악이었나. 아니, 막연하고 근거 없는 기대와 희망이었다.

소설가가 되고 싶었다. 최은영 소설을 흠모했고 황정은 소설을 동경했으며 김애란 소설을 훔치고 싶어했다. 전공 필수라서 들어간 시 창작 수업 첫날, 교수님께서는 '시'가 아닌 것에는 무엇이 있냐고 물어보셨다. 시인 것이 아니라 시가 아닌 것? 그날 내 머릿속에서는 한 번도 생각해본 적 없는 질문들이 방향 잃은 우주선처럼 부유했다. 좋은 시란 언제나 동시대의 시. 이런 문장을 메모해놓고, 이해할 수 없지만 이해하고 싶어서 여러 번 속으로 되뇌었던 것도 같다. 그리고 그날 만난 시는 나의 스무 살을 뒤흔들고 나아가 인생을 바꿔놓은 시가 되었다. 바로 김행숙 시인의 「미완성 교향곡」이다. "나랑 함께 없어져볼래?" 적어도 이전까지 나의 세계에서 그런 말은 시가 아니었다. 이전까지의 세계라면 이후의 세계도 있는 거냐고? 물론이다. 교수님이 새로운 문을 직접 열어주신 건 아니다. 단지 '이것도 문이 될 수 있지 않겠어?' 하고 벽처럼 보이던 것에 문고리를 달아주셨다. 그것을 잡고 열자 이후의 세계가 펼쳐졌고 그 세계엔 시를 쓰는 내가, 기억 너머의 기억으로 잊혀가던 내가 있었다.

그러니까 시가 아닌 것은 내가 벽이라고 생각했던 무엇이다. 나는 그것에 문고리를 달거나 혹은 달지 않고 무너뜨려 주무를 수 있다. 그러면 그것은 시가 된다. 시가 아니던 것이 시가 된다. 이렇게 생각하니 모든 게 간결해졌다. 문고리를 잡았더니 문을 열고 싶어졌다. 문을 열면, 문이 열린다. 내가 전공 서고에 틀어박혀 있는 동안 굳게 닫힌 문을 열고 들어오셨던 K교수님이 주신 귀중한 힌트였다. 노란 은행잎 한 장 같은 그 힌트가 아직까지도 나를 미소 짓게 한다.

시를 쓰기로 결심한 뒤로 시 전공 친구들을 줄기차게 쫓아다녔다. 너는 뭘 읽어? 무슨 시집 좋아해? 무슨 작가 좋아해? 무슨 영화 좋아해? 무슨 취미 있어? 온갖 질문을 쏟아부으면서 친구들을 귀찮게 했다. 특히 동기 중에 가장 시를 잘 쓴다고 생각되는 친구 한 명을 콕 집어서 남몰래 선의의 라이벌로 여기기도 했다. 그 친구보다 더 많이 읽고 더 많이 써보자. 이것이 첫번째 목표였다. 도서관을 집처럼 드나들었고 책을 다섯 권씩 빌려 와 밤새도록 탐독했다. 거의 매일 그랬던 것 같다. (교내에서 도서관을 가장 많이 이용한 학생으로 뽑혀 장학금을 받기도 했다.) 학기중에도 외부 강의를 병행해 들으면서 시 창작에 몰두했다. 이 모든 건 나의 막연한 기대와 희망을 뒷받침해줄 근거를 마련하기 위해서였다. 자주 일희일비했다. 이 정도면 학교에서 시 제일 잘 쓰겠네요. 그런 평가에 들떠 잠 못 이루는가 하면 어느 밤에는 깊은 절망에 빠져 원고를 전부 불사르고 싶어했다. 내가 쓴 시를 도무지 용서하지 못하겠는 날들이 있었다. 그래도 쓰기를 그만두고 싶은 마음은 들지 않았다.

아무도 몰랐겠지만 나의 학부 시절은 나름대로 치열

했다. 나와 내가 쓴 시를 동일시하고 그래서 증오하고 사랑하고…… 죽네 사네 엎치락뒤치락 난리도 아니었다. 또 얼마나 많은 흑역사를 썼던가. 외부 강의를 들으면서 유명한 시인들과 안면이라도 트면 우쭐해지고는 했었다. 그러다가도 금세 의기소침해져서 친구들에게 나 좀 죽여줘 애걸복걸했다. 한번 술을 마시면 토할 때까지 마셨고 취해서 반드시 울었으며 매번 어딘가로 전화를 걸었다. 십대 때의 내가 천둥벌거숭이 같았다면 이십대 초반의 나는 불 속성 괴물 같았다. 웬만한 중학생보다 비대한 자아를 가지고 시를 썼다. 그때를 생각하면 아직도 부끄럽고 어쩐지 숙연해지지만, 그런 시기가 없었더라면 이런 글도 쓰지 못했을 것이다. 더불어 그만큼 뜨거워봤다는 것에는 부끄러움이 없다. 어쩌면 나는 지나치게 운이 좋았던 게 아닐까. 나를 견뎌준 선생님들과 친구들이 있었다는 것, 그토록 뜨겁게 사랑한 무언가가 있다는 것, 그러고도 소진되지 않은 소중한 불씨가 있다는 것. 이제는 이 모든 게 행운이라는 걸 안다. 그래서 오래오래 지켜내고 싶은 마음, 좋아하는 걸 좋아하기를 멈추고 싶지 않은 마음이다.

등단 직전까지 쓴 일기들

2021년 5월 30일

아침이 밝는 게, 시간이 가는 게, 내가 나인 게, 이 모든 게 끔찍한 반복이라는 게 지겹다. 아니, 무섭다. 사실 해뜰 때마다 죽고 싶다고 생각한다. 너무너무 사라지고 싶다. 기체처럼 증발하고 싶다. 유통기한 지난 삼각김밥처럼 폐기되고 싶다. 망한 게임처럼 서비스를 종료하고 싶다. 지구라는 리그에서 이만 퇴출당하고 싶다. 영원히.

2021년 8월 17일

무더위, 그리고 또다시 무력감. 하루에도 수십 번씩 찾아드는, 이게 다 무슨 소용이지 하는 생각. 오전까지만 해도 따사롭고 포근하던 햇볕이 오후로 넘어가자 나를 궁지로 내모는 뙤약볕이 되어 있었다. 숨이 막혔다. 눈부시게 환한 거리를 거니는 동안 내 머릿속은 죽고 싶다는 생각으로 가득했다. 그럼에도 불구하고 친구가 준 기프티콘을 사용하기 위해 스타벅스 전주한옥마을점을 찾았다. 원래는 카페에서 책도 읽고 편지도 쓰려고 했는데 그럴 기력이 나지 않았다. 와중에 케이크는 맛있고 커피는 시원했다. 나는 창가 자리에 앉아 오랫동안 밖을 내다봤다. 내가 저곳에 속해 있을 때는 공기마저 맹렬하게 느껴졌는데 이곳에서 저곳의 공기는 부드러워 보이는구나, 그런 생각을 했다. 평일 오후 도로를 메운 차들이 도대체 어디로 향하는 건지 알 수 없는데, 이따금 커다랗게 부푼 풍선껌이 터지는 듯한 아이들의 웃음소리. 불현듯 나무의 우듬지에 매달린 나뭇잎이 초록빛과 노란빛을 동시에 띠고 있다는 것을 알게 됐다. 실로 가을이 머지않았음을 체감했다.

2021년 8월 18일

이러다 정말 죽을 것 같아서 얼마 전 병원에 다녀왔다. 의사는 내게 우울증과 불안장애라는 진단을 내렸다. 특히 인지 오류는 우울증의 전형적인 증상인데, 내게는 거의 극단적 수준의 인지 오류가 나타나고 있다고. 그 말에 나는 나라는 존재가 세상의 오류 같다고 대답했다. 더이상 증상과 기분과 성격이 구분되지 않는다고도 덧붙였다. 대인 관계, 트리거, 불안, 정신적 과잉 활동, 자기부정 등을 읊는 의사의 목소리가 머릿속에서 계속 파편화되었고 어느 정도는 실시간으로 휘발되었다. 중요한 것은 내가 매일 약을 먹으며 적극적인 치료에 나서기로 했다는 것이다.

지금도 궁금하다. 사람들이 나를 좋아하는지 싫어하는지, 나와 있을 때 행복한지 행복하지 않은지, 어째서 나에게는 행복하지 않음이 불행과 동의어가 되는지, 그것은 증상인지 나의 편협한 언어 탓인지.

그래도 약을 복용하면서부터 전처럼 날카로운 감정이 심장을 절단내버리는 듯한 아픔을 느끼지는 않는다. 그냥 모든 감정과 감각들이 뭉툭해진 것 같다. 나는 회복기에 머물고 있다. 초진 때 의사에게 "극복해봐야 또 실패할 거잖아요. 실패 다음이 극복이라면 극복 다음은 더 큰 실패예요. 더 큰 실패를 극복하면 더 더 큰 실패…… 그런 식으로 반복되어왔고 앞으로도 그럴 것입니다"라고 말했는데 이는 사실 흔한 내러티브이자 레퍼토리다. 특히 영웅 서사에서 말이다. 더 해볼 것인가와 포기할 것인가의 기로에 선 (내러티브 속) 주인공은 주로 전자를 택한다고 몇 년 전 강연에서 김연수 작가가 말했다. 의사에게 내 속마음을 털어놓을 때 잠깐 느꼈던 기시감의 정체를 이 일기를 쓰면서 깨달았다.

내가 영웅 서사 속 주인공이라면 응당 나를 구해야겠지. 그리고 그 길에는 내 친구들이 함께할 것이다.

2021년 11월 8일

서울에 다녀왔다. 사랑하는 사람들을 만나 술을 많이 마셨다. 서울에 있는 동안 약을 먹지 못했는데, 심장이 너무 빠르고 세게 뛰어서 차라리 멈춰버렸으면 싶었다. 그런 마음은 전주로 돌아와 약을 다시 먹기 시작하면서 잠잠해졌다.

그리고 시를 써야 한다는 강박. 신춘문예가 정말로 얼마 남지 않았다. 어제는 시 열 편을 퇴고했다. 그걸 퇴고라고 할 수 있을까. 불필요한 문장을 삭제, 삭제, 또 삭제했다. 남은 문장들은 어디까지 닿을 수 있을까.

서울에서는 어떤 장면들이 있었나. 꽃을 선물한 다음 날에 꽃을 받았다. 노란 해바라기. 11월의 해바라기를 하루종일 쥐고 다녔지. 맛있는 솥밥도 먹었다. 좋아하는 장소에 좋아하는 친구를 데려가 그곳에서만 파는 맥주도 마셨다. 그리고 밤마다 칠리의 방에서 잠을 설치며 선명하게 느껴야 했던 통증. 언제나 그리운 J와 포옹하던 순간. Y선생님께 호되게 혼나면서도 위안을 얻었던 연희동. 가을이 흐르는 가운데…… 나는 무거운 가방을 메고 땀을 삐질삐질 흘렸다. 선생님은 내게 이십대니까 그런 고민을 할 수 있는 거라고 했다. 그리고 선생님이 결혼한 이유를 말해주었다. 대학원에 입학할 것을 권유하셨다. 하늘이 파랗게 식어가고, 가을이구나 싶은 모든 순간마다 햇살이 눈부셨다.

오늘은 비가 내렸고 바닥에 낙엽이 잔뜩 쌓였다. 이맘때는 낙엽을 침대 삼아 누워서 조는 고양이가 많다. 쓰다듬고 싶은 충동을 느끼지만 참는다. 거리를 둔다.

그러고 보니 오늘 꾼 꿈에서는 이상한 세계에 갇혔다. 그 속에서 나는 여러 번 죽을 뻔했다. 귀엽고 화려한 장식으로 가득한 공간들이 열차처럼 연결돼 있었는데, 한 칸 한 칸 이동하려 할 때마다 죽음에 맞서 싸워야 했다. 사람들은 점점 괴물이 되어갔다. 그곳에서 겨우 빠져나왔을 때 외투와 신발을 두고 왔다는 사실을 깨달았다. 그게 뭐라고. 도대체 그게 뭐라고 나는 다시 그 위험천만한 곳으로 들어갔다. 또 우여곡절 끝에 친구의 도움으로 그 세계에서 벗어났고 우리는 미친 듯이 도망쳤다. 그 과정에서 친구는 단발머리의 아름다운 여자와 사랑에 빠졌다. 우리는 커다란 유람선에 올라탔다. 성대한 파티에 참석해 누구를 위한 것인지 모를 축배를 들었다. 캄캄한 강물 위로 희고 반짝이는 눈이 내렸다. 아침이 파랗게 밝아올 무렵에는 친구와 친구의 사랑이 서로에게 기댄 채 눈 내리는 광경을 바라보고 있었다. 시시한 모험 영화의 엔딩 장면 같았다.

무섭고 아름다운 꿈을 꿨구나 생각하며 눈을 뜨자 오후 세시가 지나 있었다.

늦게 시작하는 하루는 연장전 같다.

시를 쓰기 위해 카페에 와서 카페라테와 스콘을 시켰다. 어떤 시를 써야 좋을지 도무지 감이 잡히지 않는다. 신춘문예를 의식하니 더욱 그렇다. 나와 싸우듯이 시를 쓰는 태도가 스스로 마음에 들지 않는다. 하지만 물 떠 놓고 기도하듯이 쓰는 건 더더욱 싫다.

오늘은 새로운 시를 쓸 수 있을까? 만약 쓰지 못한다고 해도 내일에 무사히 도착할 것이다. 내일의 나는 해야 할 일이 무엇인지 알고 있을 것이다.

불이 꺼지기를 기다리며 더운 비를 맞고 서 있던 날들

시를 쓰는 동안 수없이 나를 부정하고 내 시를 부정한다. 그런 고통의 시간을 나는 왜 지속하려는 걸까. 나는 똑똑한 사람도 특별한 사람도 아니다. 그러나 그렇기 때문에 시를 쓸 수 있다고 믿었다. 그 믿음이 헐거워지고 흔들리려 할 때면 어떻게 해야 될지 모르겠다. 시를 쓰기 위해 내 안의 바닥까지 가닿으려는 노력이 비참하게 느껴질 때가 있다. 실은 이러저러한 노력들, 시를 쓰기 위한 아등바등을 비참하게 느낀다는 사실이 제일 수치스럽다.

등단을 준비하던 시절에는 그런 수치심이 시시각각 치솟고는 했다. 수치심 속에서 시를 썼고, 시 속에서마저 수치스러워했다. 그즈음의 기록들이 이제 와 안타깝거나 애처로워 보이지는 않는다. 내가 무심해졌기 때문이 아니다. 수치심과 멀어졌기 때문은 더더욱 아니다. 여전히 자기혐오를 느끼지만 시간이라는 하잘것없는, 그러나 절대적인 흐름을 실감할 뿐이다. 시간은 구원이나 저주가 아니다. 단지 흐르는 시간 속에서 변치 않는 게 있다면 내가 단 한 번도 나 자신이 아니었던 적이 없다는 사실이다. 그것이 안타깝거나 애처롭지가 않다. 도무지.

최선의 차선

 인간이 싫다. 이전까지는 이런 생각을 해본 적 없다. 무엇도 쉽게 비관하고 싶지 않았거니와 인간에 대한 어떤 굳건한 믿음이 있었으니까. 그 믿음에 한번 균열이 생기니까 걷잡을 수 없다.

*

 알라딘에 책 스물한 권을 팔고 오만육천백원을 받았다. 그걸로 머리도 자르고 친구 생일 선물도 샀다. 여전히 외롭고 쓸쓸한 나날. 병원에서 내가 느끼는 내 감정을 제대로 설명하지 못하자 의사가 "그걸 하는 게 선경 씨 직업 아니에요?"라고 물었다. 말문이 막혔다. 약간 화도 났던 것 같다. 왜였을까. 병원에서까지 직업의식을 발휘해야 하냐고 되묻고 싶었던 걸까. 아니, 진짜로 내가 잘해야 되는 일을 잘하지 못하고 있다는 생각이 들어서 자존심이 상한 것이라고 해야겠지. 외롭지. 쓸쓸하지. 그런데 시는 써야겠고, 슬프네. 시인이 되고도 한동안 내 시를 읽어주는 이가 있는지 알 수 없었다. 내가 나와 시 둘 중 하나라도 덜 사랑했더라면 사람들의 무관심이 이 정도로 섭섭하진 않았을 텐데. 나한테 친구가 있기나 한가? 사랑에 대한 환상보다 더 버리기 힘든 게 친구에 대한 환상인 듯하다. 신나는 일은 좀처럼 생기지 않고. 나는 때때로 몸만 자란 중학생 같다. 엄마 아빠도 싫고 노는 것도 싫고 공부하는 것도 싫고…… 평평 내리는 눈이나 무감하게 바라보다 울적해하는 것이다. 하지만 아무도 나의 울적함에 관심이 없지. 그게 바로 내가 울적한 이유인걸.

 결국 알코올의존증 치료를 시작했다. 직후 일주일 동안 술을 마신 건 단 하루뿐이다. 사실 그날 열두 시간이 넘도록 마셨다. 숙취에 시달리는 사이 이십대가 다 지나가버리면 어떡하지, 그런 생각을 했다. 취하면 우는 최악의 술버릇을 가진 나는 친구한테 물었다. "나 혹시 울기 위해 술을 마시는 게 아닐까?"

*

영은과 강릉에 다녀왔다. 무거운 신발을 신고 오래도록 걸었다. 날이 흐렸고, 바다 너무 아름답다 말하는 영은의 표정도 조금 침울했다. 나는 파도처럼 의도 없이, 의지도 없이 부서지고 싶었다. 내가 할 수 있는 이야기는 그렇게 많지 않아. 할 수 있는 일도. 그저 미안한 일에 대해 미안하다고 말하기는 어렵지 않다. 그런데 보고 싶은 사람에게 보고 싶다고 말하기는 좀 어렵지.

아무것도 안 하는 게 최선인 날들이 있다.

취중 진담이라는 농담

 알코올의존증 치료중에 또 술을 마셨다. 만취한 채로 사람들한테 전화를 돌렸다. 세 통, 네 통, 다섯 통, 여섯 통, 일곱 통……

 인사불성이 돼서 집에 도착하자마자 절을 올리는 나를 칠리가 사진으로 찍었다. 술에 취한 나는 어쩜 예의도 바르지. 이건 농담이고, 자숙을 해야지 생각했는데. 자숙은 어떻게 하는 거지? 멍청한 소리를 하는 나에게 W는 그냥 찬물 샤워나 하라고 말했다.

 사람들한테 전화하고 전화로 한 말 까먹기, 걱정시키기. 젊다 젊어 하면서 봐줄 수 있는 나이는 지났어. 언제까지 어리광 부릴래? 할 수 있다면 좀더 오래. 아니, 아니야. 이건 진심이 아니야. 실은 아직 술이 덜 깼나봐.

 어제 내가 뭘 했는지 도무지 기억나지 않는다. 늦은

시간에 전화를 받아준 다정한 사람이 대신 기억해주겠지. 나는 번번이 다정을 배신하는 사람. 미안하고 부끄럽네. 속절없는 미안, 미안에는 아무런 효력이 없다.

  나는 나한테 먹칠하면서 사는 것 같다.

긴긴 여름

 지도교수님 모친의 장례식에 다녀왔다. 조문객이 따라야 할 절차는 생각보다 간결했다. 방명록을 작성하고 부조한 뒤 분향실로 가 헌화하기. 그리고 상주와의 인사. 조문은 금방이었다. 생각보다 엄숙하지도, 그리 어렵지도 않은 분위기였는데 바로 그 사실이 가장 어렵게 다가왔다. 이렇게 간단한 거였나? 누군가의 죽음 앞에서 머쓱함을 느껴도 되나? 의아해하며 밥을 먹고 인사를 나눈 뒤 장례식장을 빠져나왔다.

 오후 다섯시 오십분. 시간이 내 예상보다 많이 흘러 있었다. 그러고 보니 십 년 전에도 누군가의 어머니 장례식에 갔었는데. 그때 나는 너무 울었고 그 사실이 자주 끔찍하게 느껴졌다. 시간이 정말이지 속수무책 흘러가버렸구나. 이제는 입을 수 없는 교복 차림을 한 내가 떠올랐다. 언제쯤 용서할 수 있을까. 어리고 약하면서 사나운 들짐승 같았던 열일곱의 나. 그렇다고 해서 십 년 전에 비해 지금의 내가 크게 달라진 것은 아니다. 십 년 전에는 내가 망가지는 줄도 모르고 망가졌다면 이제는 망가지는 줄 알면서 망가진다는 것 정도. 망가지지 않는 방법은 모르겠고 덜 망가지는 방법은 안다. 술 마시지 않기인데, 잘 지켜지지는 않는다.

커피만 두 잔째. 시는 쓰지 못했다. 어제도 못 썼고 그제도 못 썼다. 그러니 오늘은 써야 한다. 물론 어제도 이렇게 생각했지만.

시를 안 쓰다보면 시쓰기가 점점 두려워진다. 겁없이 대담하게, 그러나 신중하고 정확하게 쓰고 싶다. 그래서 시집을 준비하면서 교정지 여기저기를 뜯어고칠 때는 내 무덤을 스스로 파헤치는 듯한 기분이 된다.

시가 잘 이해되지 않고, 그래서 결국 무슨 이야기를 하고 싶은 건지 모르겠다는 과외생에게 나는 그 시의 화자가 어째서 불확실한 존재로 남을 수밖에 없는지에 대해 설명하려고 했다. 끝끝내 불확실한 존재로 남기로 결정한 데에는 그만한 이유가 있다고, 거의 빌다시피 말했다. 나는 누구에게도 좋은 선생이 되지는 못할 것이다. 어차피 나도 선생은 되기 싫었어, 속으로 중얼거리다보면

그럼 나는 뭐가 될 수 있지. 암울하다. 여름이 끝나가는데 여전히 어느 것도 알 수 없는 나날.

왜 시는 쓸 때마다 안 쓰던 근육을 사용하는 느낌이 드는 걸까? 매번 삐거덕거리느라 한 세월을 보낸다. 꾸준히 쓴다고 쓰는데도. 그렇다고 쓰고 나서 늘 개운하기만 한 것도 아니다. 그렇지만.

친구 H는 내게 '하고 싶은 일'과 '해야 되는 일'이 일치하는 건 어떤 기분이냐고 물었다. 좋지. 좋다고 대답했다. 감히 투정 부리고 싶지 않았다. 다만 책을 낸다고 생각할 때마다 '나는 이런 글밖에 쓰지 못하는데 괜찮을까?' 생각한다. '이런 글'이 무슨 글인지도 제대로 알지 못하면서.

더이상 나와 내가 쓴 글을 폄하하고 싶지 않다. 잘하고 싶어서 긴장되고 두려울 뿐이다. 누구나 그렇겠지

만. 그러니까 생활도 잘하고 싶고 사랑도 잘하고 싶고 그런 거. 나는 평생 무엇에도 능숙해지지 못할 것 같다. 그런데 그래서 다행인 거 있지. 너무 능숙하면 사람들이 또 싫어하거든. 아니, 이런 생각은 하지 말자.

그냥 해내는 사람이 되고 싶다. 그런데 그냥 하는 행위는 관성에 의한 것일까? 무슨 일이든 관성처럼 반복하면 지루하지 않을까? 나는 자문자답을, 자문자답에 반박하기를 관성처럼 반복한다. 반박과 반복, 반박과 반복……

운명적 여름

 삼 년 전, 각각 다른 곳에서 신점과 손금과 사주를 보았다. 세 점집에서 공통적으로 내게 한 말이 있다. 스물여섯 살 여름에 운명의 남자를 만나게 된다는 것. 처음에는 듣고 웃었다. 두번째에는 거참 신기하네, 생각했다. 세번째에는 무서웠다.

 스물여섯 살의 여름, 나는 만난 지 얼마 되지 않은 남자친구를 떠올리며 생각했다. 그가 내 운명의 상대라고? 그건…… 쉽게 납득할 수 없는데. 하지만 당장 그가 아닌 다른 누군가를 만날 것 같지도 않은데. 그런 의문을 품으며 의아해하다 이마를 때리며 깨달았던 것이다. '운명'이라는 단어가 포괄하는 무수한 의미에 대해.

 운명은 일생일대의 순간, 인생의 중대사를 결정짓는 무엇이 아니다. 오히려 사소한 순간순간으로 이루어진 운명의 총합이 나로 하여금 선택을 내리게끔 한다. 지금까지 내 인생에 있었던 크고 작은 뒤척임들. 과연, 운명이란 게 작동하지 않은 해가 있었나. 이렇게 말함으로써 남자친구를 운명 밖으로 밀어내는 것처럼 보인다면 그것은 오해다. 그가 나의 운명적인 인연인지 아닌지 이리저리 분석해본 게 무색하게도 그는 이미 나의 운명 깊숙이 개입해 있었다.

신세이 카맛테짱의 〈스물여섯 살의 여름방학〉을 듣는다. 보컬이 내 취향이 아니어서 들어주기 힘들지만 후렴에서 반복되는 한 문장이 이 노래를 다시 찾아 듣게 만든다. "스물여섯 살의 여름방학, 나는 조각들을 그저 주워 모으고 있어."

그런 여름방학
그런 여름방학

카맛테짱의 날카롭고 불안정한 목소리도 매미 울음소리처럼 배경이 되어가는 8월, 빌어먹을 여름방학이 끝나기 전 휴학 신청까지 해둔 나의 앞으로 배당된 엄청나게 많은 시간! 어설픈 외향인인 나는 이미 고독사하기 일보 직전이다. 혼자 있는 걸 몹시 견디기 어렵다. 하우스메이트인 칠리를 비롯한 주변인들은 대부분 직장인. 심지어 전주 본가에 있는 엄마와 아빠마저도. 대학원생 친구들? 그들에게 여름방학이 가당키나 한가? 그건 학기중에 진행할 수 없는 스터디에 몰두하는 시간일 뿐이다. 아니면 아르바이트나 과외를 하겠지.

외로움에 몸서리치는 여름, 조기퇴근한 남영이와 종종 드라마를 본다. 제주도에서 회사를 다니는 남영이는 자주 만날 수는 없지만 이따금 넷플릭스와 왓챠를 비롯한 OTT로 나를 사이버 산책 시켜주는 고마운 친구다. 나는 남영이의 착실한 사이버 다마고치가 되어 남영이가 던져주는 장난감을 물어 오면 된다.

그런 여름방학
그런 여름방학

우리의 낭만이 같지는 않지만

 무려 십칠 년 만의 가족 여행을 앞두고 용산역에서 칠리와 함께 여수행 KTX를 탔다. 엄마, 아빠, 남동생과는 여수에서 만나기로 했다. 오후 기차인데도 늦게 일어나는 바람에 온갖 부산을 떨고 자리에 앉으니 비로소 노곤함이 밀려왔다. 태풍 '카눈'의 영향으로 비가 내리고 있었는데, 빗소리와 한없이 스쳐지나가는 창밖의 젖은 풍경이 졸음을 부추겼다. 점점 더 뿌예지면서 흩어지는 풍경. 평온하기 그지없었다.

 물을 사러 간다는 칠리에게 과자를 부탁했다. "기차에서 칸쵸를 먹는 건 낭만이란다." 내 말에 칠리는 인상을 팍 찌푸렸다. 그래놓고 착실하게도 컵에 담긴 칸쵸를 사 왔다. 내친김에 개봉까지 부탁했더니 "자식새끼와 여행 가는 것 같다"며 욕을 먹었다. 그렇게 얻어낸 칸쵸를 순식간에 다 먹어버렸다. 슬픈 일이다. 나는 아껴 먹는 법 따위 절대로 모르지. 위염과 장염이 함께 온 지 일주일째였는데 일주일 내내 입맛이…… 너무 좋았다. 아픈 배를 문지르다보니 머쓱한 기분이 들었다.

그리고 문득, 여름 정말 알쏭달쏭하다는 생각. 느닷없이 탈이 나곤 하니까. 그런 와중에도 바깥은 심하게 초록이니까. 모든 게 맹렬한 계절인데, 나는 도무지 채워지지 않는 허기로 가득차 있다. 그것이 이 계절에 흔한 슬픔이다.

익산과 전주와 남원을 지나는 동안 무감하게 창밖을 들여다보며 생각했다. 여름은 흐르는 것이구나. 비는 그쳤는데 산등성이에 안개가 자욱했다. 흐린 하늘과 불어난 강물의 빛깔 모두 탁하네, 속으로 중얼거리는 순간 기차가 터널로 진입했고 창문에 내 얼굴이 비쳤다. 어두운 물속에 잠겨 있는 것 같았다.

여수의 포차 거리에서는 거의 모든 점포가 낭만포차라는 상호를 사용한다. (거리 이름부터가 '낭만포차 거리'다.) 심지어 메뉴마저 똑같다. 해물 삼합이니 딱새우

회니 하는 것들. 발매된 지 십 년은 더 된 버스커 버스커의 〈여수 밤바다〉가 여전히 곳곳에서 울려퍼졌다. 포차 간판을 장식하는 네온사인 불빛들이 거리를 밝혔다. 한쪽에서는 무명 밴드가 버스킹중이었고 또다른 쪽에서는 상인들이 반짝이는 풍선과 장난감을 팔았다. 빨간 하멜 등대 앞에 기념사진을 찍으려는 사람들이 줄지어 서 있었다. 우리 가족은 뭘 먹지도 사지도 않으면서 단지 구경만 했다. 이 도시가 낭만이라고 부르는 것들을.

고개를 들면 어두운 공중을 오르내리는 해상 케이블카가 보였다. 나는 오 년 전 엄마와 단둘이 여수에 왔을 때도 케이블카를 탔다는 사실을 떠올렸다. 대도시에 비하면 다소 심심한 야경을 바라보며 감탄하는 척 우와아, 탄성을 내질렀었지. 엄마를 실망시키지 않으려고. 화려해 보이기 위해 두른 장식용 불빛들은 어쩐지 앙상하다. 일종의 영업용 미소 같달까. 여수뿐만이 아니라 대다수의 관광지가 낭만을 미끼로 소비를 부추긴다. 여기까지 왔으니 남들처럼 좋은 걸 먹고 좋은 데서 자야지. 이왕이면 바다가 보이는 자리를 예약해야지. 좀 비싸더라도 기분좋게 주문해야지. 뭐? 성수기 시즌엔 와인 보틀 추가 주문이 필수라고······?

좋은 추억을 돈 주고 살 수 있다면 그건 현명한 소비일 것이다. 다만 내가 회의적으로 혹은 냉소적으로 보게 되는 건 사람들이 '남들처럼 하는 것'을 자신의 낭만이라고 착각한다는 사실, 그리고 그렇게 주입된 낭만에 익숙해져 자신의 낭만을 찾으려 하지 않는다는 점이다. 물론 어떤 이들은 관광지가, 미디어가, 남들이 권하는 낭만이 자신의 취향과 맞아떨어지는 거라고 말할 수도 있다. 그렇다면 그것을 즐기면 된다. 다만 나에게 낭만이란 나의 기억을 끄집어내거나 상상력을 자극하고 확장해주는 것이다. 일각에서는 나 같은 부류를 '홍대병'이라고 일컫기도 한다. 하필이면 이 문장을 적는 순간 유튜브 뮤직 앱에서 랜덤으로 틀어준 플레이리스트 제목조차 '사람들이 잘 모르는 개띵곡'이다. 다음으로 넘기자 아이유 노래가 나오는 것에 나는 약간 안도한다.

낭만에 대해 이렇게나 떠들었지만 낭만이 그리 거창한 것이라고는 생각하지 않는다. 고작 기차에서 칸쵸를 사 먹는 것 정도가 나에게는 충분히 낭만적이었으니까. 여담이지만 나를 한심하게 보던 칠리는 뒤늦게 한술 더

뜨며 초코픽을 권했다. 기다란 막대 과자로 초코 시럽과 스프링클을 찍어 먹는 그거 말이야. 칸쵸든 초코픽이든 어릴 때나 좋아하던 것들이라고 생각했는데. 과거의 기억 위로 새로운 기억을 덧씌웠을 때 여전히 좋은 것들은 이렇게 보존되고 그렇지 못한 것들은 폐기된다. (혹은 폐기하기로 결정된다.) 기억은 그런 식으로 선택되고 변형되어 추억이 된다. 그러니까 추억과 기억은 명백히 다르고, 어쩌면 낭만화된 기억이 추억으로 남는 것인지도 모르겠다.

이제는 만날 수 없는 사람들과 여수에 갔던 것을 기억한다. 그때만 좋았던 것들과 지금도 좋은 것들, 이제야 좋아진 것들은 뒤섞인 채로도 선명히 구분된다. 이번 여수 여행에서는 반갑게 인사할 수 있는 것들, 미련 없이 작별할 수 있는 것들을 구별할 수 있었다. 아마도⋯⋯ 초코픽은 다시는 사 먹지 않겠지. 내게는 낭만이 없는 낭만포차 거리에도 가지 않을 거야.
여수 여행은 시작이 그랬듯 칠리와 기차에 타는 것으로 끝이 났다. 부모님과 남동생은 차를 타고 전주로 돌아갔다. 헤어지기 전, 엄마는 나와 칠리에게 각각 오만 원씩을 쥐여주었다.

열세 살의 여름방학

아빠에게는 어린 사촌동생이 있다. 촌수가 좀 멀지만 어쨌든 나에게는 고모인데, 나보다 고작 일곱 살 많다. 고모는 어릴 적부터 방학만 되면 우리집에 놀러왔다. 아니, 살러 왔다. 우리가 함께 자랐기 때문일까? 내 기억 속의 고모는 스무 살 같기도, 중학생 같기도, 고등학생 같기도 하다. 공부에는 별 관심이 없었고 인터넷 얼짱들처럼 꾸미기를 좋아했다. 꽉 끼는 남방과 발목으로 내려갈수록 통이 좁아지는 배기바지, 느슨하게 올려 묶은 똥머리. 고모는 나에게 가장 스타일리시하고 멋진 사람이었다.

고모가 중학생이던 때도, 고등학생이던 때도 엄마는 고모의 속옷과 양말을 깨끗이 빨아주었고 고모가 좋아하는 김치찜을 만들어주었다. 새언니가 해주는 김치찜이 제일 맛있어. 그 말에 왜 내가 뿌듯했던지. 나는 의기양양하게 김치를 찢으면서 물었다. 고모는 언제 다시 고모 집으로 가? 그런 질문이 고모의 젓가락질 속도를 늦췄다는 것을 그때의 나는 알지 못했다. 고모가 안 가면 좋겠다는 생각에만 몰두하면서 나의 슬픔을 늦추기 바빴으니까. 이따금 닫힌 방문 너머에서 엄마가 전화로 할머니를 흉보는 소리가 들려왔다. 노인네가 도대체 몇 년째냐고.

찜질방처럼 사람이 많은 장소에 가면 고모는 늘 같은 말을 했다. 야, 언니라고 불러. 내가 고개를 끄덕여도 고모는 몇 번이나 재차 확인했다. 고모라고 안 하기다. 알았지? 응응, 알았어. 착하게 대답한 뒤에는 신나게 고모를 쫓아다녔다. 손을 잡고 싶다고 생각하면서. 고모의 간곡한 부탁 따위 매번 대차게 까먹어줬다. 고모, 나 이거 먹을래. 찜질방 매점의 냉동고 속 아이스크림을 가리키는 내게 고모는 벌컥 화를 냈다. 혼자서 뭐라 뭐라 쏘아붙이곤 쿵쿵거리는 발걸음으로 나를 두고 멀리 가버렸다.

고모는 종종 그렇게 화를 냈다. 내가 니 친구냐? 내

문자 훔쳐보지 말라고. 니가 몰래 답장할 거잖아. 나 남친 생긴 거 엄마한테 니가 말했지? 너는 내가 빨리 집에 갔으면 좋겠냐? 그게 아닌데. 고모가 화를 내면 목구멍이 꽉 막힌 기분이 들었다. 하고 싶은 말이 너무 많아서 아무 말도 할 수 없었다.

그러다 어느 날 고모는 짐을 챙겨 휙 사라졌고 그건 방학이 끝났다는 뜻이었다.

고모는 기억할까? 친구들과 물놀이하러 계곡 간다며 약올리듯 부럽지 부럽지, 놀리고서는 나도 계곡에 데려갔던 것을. 친구들 앞에서 내 조카 귀엽지? 자랑하기도 했었다는 것을. 줄줄 흐르는 땀방울을 함께 견디던 찜질방 불가마에서 내게 양머리 수건을 씌워줬다는 것을. 나는 어른이 되도록 고모가 접은 것만큼 예쁜 양머리 수건을 만들 수 없었다. 그리고 우리가 서로의 이마에 대고 깬 맥반석 달걀. 고모가 좋아하는 남자애가 보내온 버디버디 쪽지에 보낼 답장을 함께 고민하던 일. 카트라이더 사막 맵에 있는 모랫더미 속 뼈들에 오싹해했던 기억. 고모, 사람은 다 죽어? 응, 죽어. 엄마도? 아빠도? 그래,

너나 나나 다 죽는다고. 그런 대답에 얼마나 두렵고 서운했는지. 그래놓고 고모는 잠든 내 얼굴에 립스틱으로 장난을 쳤다. 거울을 보니 코가 새빨간 게 우스꽝스러운 피에로 같기도, 루돌프 같기도 했다. 이상하지만 마음에 들었다.

사실 인터넷에서 가끔 고모 이름을 훔쳐 썼다. 나이는 일곱 살 높였고, 고모가 다니던 고등학교에 다닌다고 거짓말했다. 고모의 친구들이 내 친구들인 양 떠들고 다녔다.
매미 울음소리가 유난히 맹렬했던 열세 살의 여름방학, 고모가 안 왔다. 내가 내내 궁금했던 것은 고모가 언제 또 오는지였는데. 그리고 더이상 방학이 없는 고모의 스무 살……

손거울을 꺼내 들여다보듯이

나에게는 아무나 함부로 동경하는 버릇이 있다. 실은 누구도 동경당하고 싶지 않을 텐데.

나가이 오야스미

 일상을 살아가는 게 아니라 수행해내는 것 같다. 잘 수행하지는 못한다. 아무것도 못할 것 같은 기분이 들고, 실제로 아무것도 못하고 있다. 당장 내일 강의라도 하나 있는 날엔 너무 괴롭다. 토하고 싶다. 토하고 싶다. 토하고 싶다…… 죄송합니다. 못 하겠어요. 강연이나 행사, 과외를 비롯해 온라인 클래스 일체를 줄줄이 취소했다. 몸이 좋지 않아 출판사와의 미팅에도 가지 못했다. 아무래도 나는 삶이 부담스러운 것 같다. 해파리는 의욕 없이 일평생을 떠다니면서 산다던데. 내게는 살아내는 일 자체가 부담이다. 내일이 온다고 생각하면 눈물이 날 것 같다. 아무에게나 어리광을 피우고 싶다. 나 헤엄칠 줄 몰라. 이 바보들아.

언젠가 친구들과 놀러간 가평 계곡에서의 일들이 생각난다. 그때 나는 물속에서 균형을 잡지 못하고 뒤로 자빠져 잠수했었지. 다리를 마구 움직여 겨우 위로 떠올랐다가, 물 밖으로 얼굴을 꺼내 황급히 숨을 쉰 뒤 다시 잠수. 그런 나를 지켜보는 친구들이 즐거워하는 것 같아서 나도 즐거웠다. 수영할 줄 몰라도 물놀이를 즐길 수 있다는 걸 처음 알았다. 정말로 신나게 놀았네. 개구지게 놀았네. 수박이랑 자두도 나눠 먹었다. 다이빙하는 친구들을 구경했다. 높은 곳에서 떨어지는 건 무서워서 보기만 했다. 늦은 점심을 배 터지게 먹고 자라섬에 가서 사진도 찍었다. 나는 제자리에서 엄청나게 높이 점프를 했다. 얼굴이 어떻게 비춰질지 신경쓰지 않고 함박웃음을 터뜨렸다. 가평역에서 두 사람과 헤어지고, 군자역에서 한 사람과 헤어지고, 혼자서 집으로 돌아왔다. 침대에 누우니 왠지 둥실둥실, 아직도 물에 떠 있는 듯한 느낌이 들었다. 둥실둥실. 약간 토할 것 같고 웃긴 기분. 오랜만에 잠이 잘 왔다. 침대가 한없이 꺼져서 몸이 푹 가라앉는 것 같았다. 긴 잠을 잤다.

그런데 난 말이야, 둥실둥실보다는 리드미컬한 삶을 살고 싶었어. 올림픽에 출전한 탁구 선수들이 휘두르는 채에 탁구공이 착 달라붙듯. 그리고 순식간에 멀어지듯. 그런 경쾌함을 느끼고 싶었어. 요즘 일본 드라마 〈롱 베케이션〉을 다시 보고 있는데, 〈롱 베케이션〉에는 그런 경쾌함이 있다. 재수없고 황당하고 귀여운 인물들이 나오고…… 나는 그들보다 나이가 적거나 많지만 그런 건 하나도 중요하지 않다. 남자 주인공은 일을 할 수 없어 상심하는 여자 주인공에게 이 정체기를, 그러니까 나가이 오야스미(긴 휴식)를 신이 주신 휴식이라고 생각하자며 위로한다. 그렇게 생각하면 좀 경쾌해지려나. 나는 남 부럽지 않은 롱 베케이션을 보낸 적이 있다. 그리고 열심히 일했지. 성실하려고 노력했다. 그랬더니 지쳐버렸다. 이걸 번아웃이라 말하기에는 웃기는 감이 없지 않아 있다. 그냥 잠깐…… 둥실둥실의 기분인 거야. 약간의 멀미가 동반되는 게 당연한 거야. 손발이 쪼글쪼글해질 때쯤이면 알아서 물 밖으로 걸어나갈 것이다. 뚝뚝 흐르는 물을 수건으로 대충 닦고 나서 땡볕에 머리카락을 말려야지. 그리고 나면 갑자기 가을이 들이 닥칠 것이다. 가을. 가을이 오면 좋지. 가을이 오면 서촌과 혜화에, 어쩌면 제주에 갈 수도 있을 것이다.

이 시간이 지나면 어디에 도착해 있을지 모르겠지만 그때에도 어디론가 가는 중일 것이다. 도착이라고는 생각도 못하고. 생각해보니 지금이 잠깐 어딘가에 도착해 있는 시기인 건지도 모르겠다. 나의 의지와는 무관하게. 그런 거라면 여기서 관광할 거다. 둥실둥실 관광할 거다. 노트북 화면 속 우거진 숲을, 바닷속에 웅크린 암석을, 멀어져가는 탁구공을, 긴 잠에 빠진 나를.

날씨가 좋으면 슬픈 생각을 하게 되어 있다

  화창한 날엔 글에 집중이 되지 않는다. 언젠가 나도 간병이란 걸 하게 되는 날이 오겠지. 아픈 사람이 조금 더 아픈 사람을 간병하는 모습을 떠올린다. 슬프다. 날씨가 좋으면 슬픈 생각을 하게 되어 있다. 슬픈 생각은 재미있는 생각과 재미없는 생각으로 나뉜다. 아니, 재미없는 생각은 슬프지도 않다.

긴 여름

 자두를 먹었으니 이제 여름을 놓아줘도 되겠다. 계획만 무성하고 이룬 것은 하나도 없었던 이번 여름. 그런데 내가 여름을 놓아주는 게 맞나? 여름이 나를 놓아줘야 되는 거 아닌가?

3부

심장을 꺼내 보이지 않아도 괜찮아

가능성

나는 미래에 중독되었을지도 모른다.

백수일지

 등단하기 일 년 전인 2021년도에 나는 백수였다. 서울에서 다니던 회사를 그만두고 자취방을 정리한 뒤 전주로 내려간 때가 2020년 9월이었을 것이다. 직장생활을 할 때는 몹시 지쳐 있었고 모든 게 힘겨웠다. 매달 월급이 밀렸고 주 삼사 일은 출장차 원주에 가서 지내야 했다. 그러던 와중에 몰래카메라 범죄에 노출되었다. 그것도 집에서. (당시 내가 살던 왕십리 자취방은 건물 1층이었는데 누군가 새벽에 창문을 열고 집 내부와 나를 촬영해 갔다.) 집에서조차 안전할 수 없다는 사실에 충격받은 나는 그길로 짐을 싸서 본가로 돌아갔다. 그리고 회사에서 쥐여준 마지막 달 월급과 가해자로부터 받은 합의금 몇백만원으로 백수 생활을 시작했다. 대체로 아무것도 하지 않는 나날이었지만 가끔 누군가를 만났고 또 가끔 드라마나 책을 봤다. 살 것 같은 날들과 죽을 것 같은 날들이 교차했다. 그 시기에 이룬 것은 딱 하나, 면허를 취득한 것뿐이다. 내가 위태로워 보였는지 뭐라도 하라며 엄마가 나를 운전 학원에 밀어넣었기 때문이다.

마침 같은 아파트에 사는 학낳괴(학교가 낳은 괴물)가 임용고사에 합격해 발령을 기다리는 상황이었다. 그녀는 나와 유치원, 초등학교, 중학교를 같이 나온 소꿉친구로 내가 전주에 있는 동안 만났던 거의 유일한 사람이다. 둘 다 한가로운 날들을 보내고 있었으므로 종종 만날 수 있었다. 2021년 1월, 학낳괴와 함께 눈사람을 빚은 일이나 어처구니없는 교통사고로 나란히 병원에 입원한 일은 절대 잊지 못할 것이다. 우리는 주로 산책을 하거나 운전 연수에 관한 이야기를 하거나 카페에서 각자 할일을 했다. 때때로 학낳괴는 나를 자신의 차에 태우고 먼 곳까지 데려가주었다. 나 혼자서는 갈 수 없는 곳들에. 그해 8월, 처음으로 내원한 정신과에 데려다준 것도 학낳괴였다. 그 시절 학낳괴에게는 큰 빚을 졌다는 생각이 든다.

2021년 3월에는 한겨레교육문화센터에서 시 창작 수업을 들었다. 매주 월요일마다 전주에서 서울을 오갔다. 시를 쓰고 싶어서였다. 시를 내보이고 싶어서였다. 누군가에게 내 시가 읽힐 때만 즐거움을 느꼈다. 그래서 구차할 정도로 시에 매달렸다. 시는 한 번도 나에게 응답해준 적이 없었지만 나를 거절하지도 않았다. 왕복 여섯 시간에 걸쳐 수업을 들으러 다닌 그 기간 동안 용기와 자극을 충분히 얻을 수 있었다. 체력적으로도 그다지 힘들지 않았다. 질 좋은 수업을 들을 수 있어 행복했고, 내 안에 꺼지지 않는 불씨처럼 남아 있던 작지만 뜨거운 열의를 느낄 수 있었다. 다만 모든 게 불확실했다. 나의 현실과 미래가 불확실하다는 것만이 확실했다. 그때 내게 가장 중요했던 것은 스스로 놓지 않고 지속하는 무언가가 있다는 사실 그 자체였다. 나는 시를 쓰고 있다. 나는 시쓰기를 좋아한다. 나는 시를 쓸 수 있다. 그렇게 내가 포기하지 않은 단 한 가지를 되새길 때만 삶을 긍정할 수 있었다.

수업이 종강한 뒤, 문학동네신인상에 응모했고 떨어졌다. 실패에 퍽 익숙해져 있었기에 실망조차 하지 않았다. 기대도 실망도 없이 계속해서 시를 썼다. 집중해서 쓰려고 잠시간 서울에서 지내기도 했다. 나는 전주로부터 도망쳤다가 서울에서 도망치기를 반복했다. 결국 정신과에 내원해 회복에 전념했던 8월, 학낭괴는 나와 많은 대화를 해주었고 또다른 친구는 내가 병원 주차장에 주저앉아 눈물을 쏟으며 전화를 걸 때마다 착실히 받아주었다. 정말 고맙게도 만신창이가 된 나를 묵묵히 견뎌준 친구들이 있었다.

 10월에 접어들면서부터는 회복을 몸으로 실감할 수 있었다. 그 시기에는 약도 잘 챙겨 먹었고 시도 열심히 썼다. 건강을 회복해갈수록 시에 더 몰두할 수 있었고, 시에 몰두할수록 안정적으로 건강을 회복할 수 있었다. 그렇게 10월, 11월을 보냈다. 신춘문예가 훌쩍 다가오니 일 년이 또 이렇게 가는구나 싶었고.

 어느 날은 내가 쓴 시를 너무 많이 봐서 오히려 머릿속이 텅 비어버린 것 같았다. 신춘문예 투고를 하루 앞두고서야 숨을 돌릴 수 있었다. 내일은 우체국에 갈 거니까 응모를 할 거니까 시는 쓰지 말아야지. 대신 드라마를 봐야지. 웹툰을 봐야지. 친구들과 통화도 해야지. 적막한 건 싫으니까 누군가의 목소리로 빈칸 같은 시간을 채워볼 수도 있을 것이다……

그 무렵에는 꿈도 많이 꿨다. 하루는 롯데월드 같은 집에서 영화 속 주인공들과 매일 이벤트를 구상하며 신나는 하루하루를 보내는 꿈을 꿨고 또 하루는 전쟁중인 나라로 여행 갔다가 군대에 쫓기는 꿈을 꿨다. 모든 꿈에 가족과 친구들이 있었다. 우리는 서로를 지키기 위해 손을 맞잡고 뛰고 또 뛰었다. 재미있어하면서 신나게 뛰었다. 죽을지도 몰라 생각하면서 있는 힘껏 내달렸다. 꿈이 끝나지 않았으면 하는 마음에서인지 피로가 덜 풀려서인지 잠에서 깨고도 오랫동안 뒤척였다.

때때로 퇴화하는 기분 아니면 고착화되는 기분.

나의 등에 영원히 자전거 바퀴를 굴리는 어느 음울한 우편배달원이 있는 것 같았다. 그는 무심코 주운 단어나 문장을 자전거 바구니 속에 끝없이 집어넣는다. 그것은 나에게 도착하기도 하고 도착하지 않기도 한다. 중간에 분실해버리는 경우도 있다. 그중에서 너무 아픈 말은 지체 없이 도착한다. 그런 걸 받아 적은 나의 기록들이 이따금 부끄러웠다. 모두 숨기고 싶었다. 그런데 또 어떤 날에는 전부 까발리고 싶어지는 것이다. 우당탕 넘어진 우편배달원이 실수로 모든 우편물을 쏟아버리듯이.

안개 같은 슬픔이 하나의 물방울로 모여서 똑 떨어져버렸으면 좋겠다고 생각했다. 그런 게 쉼표 또는 마침표가 될 수 있었으면. 쉼표나 마침표를 찍어야 다음 문장으로 넘어갈 수 있을 테니까.

응모할 시들을 모두 프린트해놓으니 12월도 아닌데 한 해가 이미 끝나버린 기분이 들었다. 그렇지만 정말로 끝이 난 건 아니었다. 올해가 지나면 내년이 도착할 테니까. 잘하고 있는 걸까, 수없이 자문하던 나날 지나 또 다른 질문으로 채워질 미래.

제각각인 빛깔을 띠고도 투명한 물방울들을 떠올렸다. 열매처럼 맺혔다가 저절로 떨어지는 물방울들. 물방울이 좋은 건 가둬놓을 수 없기 때문이다. 어디로 튈지 모르기 때문이다.

나는 이제 미래가 기대된다.

나의 행운을 빌었다 그것이 세상에 쓸모가 있으리라 믿으면서

2021년 11월 2일의 대화

나 그냥 내가 너무 제자리에만 머물러 있는 것 같아. 전혀 성장하지 않고 있어.

P 나는 심지어 도태되는 것 같아. 성장은 무슨, 제자리도 못 지키는 기분이야. 하지만 고통스럽고 도망치고 싶다고 지금 하는 노력들마저 놓으면 나는 정말 도태될 거야. 너도 마찬가지야.

나 육 년째 시를 쓰고 있는데 발전이 없어.

P 그래도 네가 멈추지 않고 노력을 했으니까 그 자리를 지킬 수 있는 거야. 발전이 없어서, 달라지지 않아서 아무것도 하지 않았다면 엉망이 됐겠지. 네가 체감하지 못한다고 해서 발전이 없었던 게 아니야. 움직이는 레일 위에 있으니까 전혀 나아가지 않은 것처럼 보이는 거지.

그렇다고 네가 걸어온 흔적들이 사라지지는 않아.

나 나는 실감하고 싶었어. 등단하고 싶었고 상금을 받고 싶었고 읽히는 시를 쓰고 싶었어. 그런데 이번에도 안 될 것 같아. 나는 어떤 일 년을 허비한 걸까? 또 어떤 일 년을 허비하게 될까? 이런 생각이 들어. 연말이 가까워지기는 했나봐.

P 등산도 힘든 마당에 등단은…… 그걸 허비라고 생각하지 마. 네 꿈이고 네가 하고 싶은 일이니까 네 주관, 네 의지를 관철한 거 아니야? 그런데 왜 허비야? 네가 너를 의심하면 네 선택을 누가 존중하지? 네가 허비라고 하면 정말 허비가 돼. 네 시간은 네 거잖아.

나 ……

P 나는…… 네가 훌쩍 성장한 것 같은데.

나 (열심히 시를 쓰기로 마음먹는다)

*

지나치게 오래 잠을 잤고 잠에서 깨어나면 서둘러 집을 빠져나왔다. 퇴근하고 돌아온 부모님이 나를 보고 깊은 한숨을 내쉴까봐서였다. 일단 집을 나서면 발길은 아늑한 단골 카페로 나를 이끌었다. 가로로 기다란 구조, 버터색으로 칠해진 벽과 연한 벌꿀빛 조명, 커다란 통유리창, 그 너머로 보이는 천변 풍경, 이따금 개를 산책시키는 사람들. 그곳이 나의 '럭키슈퍼'였다. 그렇다. 이건 나의 등단작인 「럭키슈퍼」에 관한 이야기다.

나는 매대의 상품처럼 책들을 테이블에 진열해놓고 하나씩 펼쳐 읽었다. 그러다가 뭔가 좋은 생각이 떠오르면 노트북에 문장으로 옮겨 적었다. 이것이 그해 내가 한 일의 전부다. 실은 아무것도 적지 못하고 귀가하는 날이 더 많았지만 그래도 거의 매일 카페에 출석 도장을 찍었다. 이미 읽은 책을 읽고 또 읽으면서 나는 왜 안 될까, 수도 없이 질문했다. 숨쉬듯이 자기혐오와 자아비판을 일삼았다. 그게 남 탓을 하는 것보다 쉬웠다. 네가 지금 얼마나 망했는지 봐. 똑똑히 봐, 네가 얼마나 쓸모없는지를. 여기서 나아질 방법은 죽는 것뿐이야. 죽어, 죽어, 하루빨리 죽어. 나는 나를 가스라이팅했고 나에게 언어폭력을 가했다. 아마도 죄의식 때문이었을 것이다. 누구에게도 보탬이 되지 않고 누구도 필요로 하지 않는

나. 존재감이 희미하긴 하나 세상의 불순물이자 이물질 같은 나. 쓸모를 증명할 길 없는 나. 그런 나를 심판할 사람조차 나 자신뿐이었다.

건강하지 못했다. 병원에 간 건 더 좋은 시를 쓰고 싶어서였다. 건강을 회복하면 시를 잘 쓸 수 있으리라는 막연한 기대가 있었던 것 같다. 의사에게 처음으로 나의 죄의식과 열패감과 두려움과 슬픔을 고백했다.

내원하기 이전의 일기에는 이렇게 적혀 있다. '알 수 없는 두려움에 자주 휩싸이고 거대한 불안과 우울에 짓눌린다. 내 몸에 보이지 않는 구멍이 많이 나서 그곳으로 자꾸 그런 감정들이 새어 들어오는 것 같다. 감정들이 넘쳐흘러서 나는 출렁거리다가 삶에 멀미를 느낀다. 그 지긋지긋한 멀미 때문에 방문을 닫고 혼자 엉엉 울곤 했다. 그리고 이제는 울지 않으면서 우는 법을 터득했다.' 병원을 다니면서 나는 다시 소리 내어 우는 사람이 되었다.

「럭키슈퍼」는 그 지난한 시간 뒤에 나온 시다. 한겨울 같았던 봄, 불길에 휩싸이는 듯했던 여름 지나 가을쯤. 하늘은 푸르렀고 은행잎은 노릇노릇하게 익어갔다. 그맘때 나는 차근차근 신춘문예 응모 준비에 힘쓰고 있었다. 스스로를 공격하는 데만 쓰였던 나의 맹렬한 기운은 대부분 휘발된 뒤였고 나는 그 어느 때보다 차분했다. 그렇게 가장 힘을 빼고 쉽게 쓴 시, 그 시가 「럭키슈퍼」다.

마지막 문장인 "나는 행운을 껍질째 가져다줍니다"는 심사위원들을 향한 나름의 귀여운 어필이었다. 나를 선택해주세요. 나를 호명해주세요. 제발 나를 구해주세요. 너무 간절한 바람을 조금 감추고 싶어서 다섯 편 중 세번째에 배치했다. 가장 힘 들이지 않고 쓴 시라 자신이 없기도 했다.

그해 나는 무려 일곱 군데 신문사에 투고했다. 어떤 불안은 기대감에서 기인하는 것인지도 모른다. 그러니까 그때 기대감이 아주 없었다고는 하지 못하겠다. 나는 절실했고 절실한 만큼 두려웠다. 이번에도 안 되면 그다음은 정말로 막막해질 것 같았다. 그렇다고 관두지는 않을 거지만. 죽지도 않을 거지만.

2021년 12월 21일, 당선 전화를 받았다. 어디에서도 단 한 번 최종심에 오른 적 없는 내가 처음으로 누군가에게 인정을 받았다. 몸이 떨릴 정도의 기쁨과 두려움을 동시에 느꼈던 그 순간은 아마 두 번 다시 오지 않을 것 같다. 「럭키슈퍼」는 응모한 시들 중에서도 제일 가망 없어 보이는 한 편이었다. 그래서 그 시가 당선작으로 뽑혔을 때 나는 어리둥절했다. 나를 뽑아주세요, 절박하게 빌어놓고 막상 당선된 뒤에는 왜 나예요? 순수하게 묻고 싶었다. 곰곰이 생각해보니 「럭키슈퍼」의 화자는 나와 가장 닮아 있었다. 낙오된 자로서 패배감과 무력감에 젖어 있지만 끝내는 용기를 내는 화자. 맷집 있는 화자. 나는 낙과처럼 못났지만 여느 과일들과 마찬가지로 씨앗에서 시작되었답니다, 말하는 화자.

나의 암흑기를 함께한 그 카페는 폐업했지만 내 행운을 빌어준 사장님과는 여전히 연락하며 지낸다. 때때로 행운을 의심하곤 하지만, 행운은 대체로 내 편이다. 왜냐하면 내가 그렇게 믿기로 했기 때문이다. 나는 얼마든지 행운을 만들어낼 수 있기 때문이다.

죽지는 않겠지만 항복입니다

 나는 충분히 기뻤고 충분히 두려웠다. 기껏 뽑아놨는데 이후의 행보가 영 못 미더우면 어쩌지. 그러다 영영 낙오돼버리면 어쩌지. 내가 잘하지 못하면 어쩌지. 신인이기에 할 수 있는 걱정들로 나를 시험대에 세워놓고는 했다. 하지만 간과한 점이 있었다. 세상은 나에게 그다지 관심이 많지 않았다. 그토록 원하던 시인이 되었지만 내 삶이 기대했던 만큼 드라마틱하게 변한 건 아니다. 어느 행사에서 등단 이후 달라진 점에 대해 질문을 받은 적이 있는데, 그때나 지금이나 내 답변은 같다. 그러니까…… 거주지 정도? 나는 다시 서울 사는 자취생이 되었다.
 등단한 지 반년쯤 지났을 무렵에는 대학원 입학을 앞두고 있었고, 자신감의 원천이란 금전이라고 생각했으며, 매달 내야 하는 월세가 부담스러웠다. 장마철인지 우기인지 알 수 없는 당장의 여름조차 막막했다. 도대체 어떻게 살아야 하지. 어떻게 이 여름을 나야 하지. 하루하루 피가 마르는 기분. 나 자신과 습기가 구분되지 않는 나날. 약 복용을 멈춘 지 두 달 만에 하루빨리 내원해야겠다는 생각만이 내 머릿속을 점령했다. 건강한 사람은 안 아픈 사람이 아니라 아프면 병원에 가는 사람이야. 그렇게 말하고 다니던 건 나였다. 그러나 그맘때 나는 좀처럼 밖을 나가지도, 사람을 만나지도 못했다. 주변에 피해를 주지 않기 위해서라도 속히 병원을 찾아야겠다고 생각했는데, 인터넷 후기와 리뷰를 찾아 읽을수록 무기력해졌다. 도무지 나에게 맞는 병원은 없는 것 같다는 생각. 그리고 그런 생각을 하다보면 대관절 나는 어디에도 부적격인 사람처럼 느껴지는 것이었다.

사소한 절망들과 매일 싸우는데도 싸울 때마다 겁을 먹는다. 어쩌면 당연한 것인지도 모른다. 나는 겁이 많아서 친구들한테 연락도 잘 하지 못하는 사람이니까. 친구들이 내가 또 방구석에 썩어 있는 걸 알면 지겨워할까봐 무섭다. 만나자고 했다가 거절당할까봐 무섭다. 외면받거나 거절당하는 것을 극도로 두려워하게 된 게 언제부터인지 모르겠다. 상처받기 싫어서 자꾸 숨거나 움츠리게 되는데, 그럴수록 남들은 나를 싫어하는 것 같다. 의존하기도 싫고 위축되기도 싫다. 이게 나의 오랜 백수 생활을 요약하는 한 문장인 것 같다. 정말이지 나는 아프기 싫었고 아프다고 말하기는 더더욱 싫었다.

잠시 외출한 사이 빗방울이 다리에 튀기만 해도 하루를 망쳐버린 것 같은 기분이 든다. 그러니 인정하지 않을 도리가 없다. 사소한 절망들이 매일 나를 때려눕히고, 나는 항복할 수밖에 없다는 걸. 패배감에 젖은 채로 암실 같은 방안에 갇혀 있는 동안 생각한다. 내가 어떻게 해야 나를 구할 수 있을까. 우선 이 글을 의사에게 보여주는 것부터 시작해야겠지. 내일은 반드시 오후 여섯 시 전에 일어나서 병원을 예약해야겠다고 다짐하고.

희망하게 하는 희망

의사가 그랬다. 자신은 내게 희망을 줄 수 없다고. 그런데 내가 스스로 찾을 수 있을 것 같다고. 줄 수 없다던 희망을 그렇게 주셨다.

영원성

　어쩌면 나는 오지 않는 방학이 끝나기만을 기다리고 있는 게 아닐까? 언제나 환한 과거 안에서 고통스러운 미래를.

각자의 도시, 도시의 각자

프랑스에서 유학중인 친구를 잠깐 만났다. 조찬연이라는 시인인데 나이는 나보다 한 살 어리다. 전주에서 서울로 가는 중이라는 내용을 인스타그램 스토리에 업로드했더니 찬연이 혹시 고속터미널로 오냐고 물어왔다. 마침 천안에서 오는 친구들을 만나기 위해 고속터미널역으로 가던 참이라고 했다. 그렇게 성사된 짧은 만남. 일 년 만이던가. 갑작스럽지만 감회가 새로웠다. 군대에서 휴가 나온 남동생이라도 되는 것처럼 뭐라도 챙겨주고 싶어져 카페에서 케이크 몇 조각을 포장했다.

못 본 사이 출간된 내 시집 이야기도 하고, 찬연이 프랑스에서 느끼는 외로움을 나누기도 했다. 국내 문학이나 프랑스 문학에 대해서도 대화했는데, 이 나라나 그 나라나 사람들이 문학에 무관심한 것은 매한가지였다.

특히나 프랑스에는 문학을 하려는 젊은이가 거의 없다고 했다. 그중에서도 시인은 더더욱. 한국은 점점 더 작가 연령층이 낮아지는 추세인 것 같다고 내가 말하자 찬연은 좋은 일이라고 호응했다.

조심스럽게 출간 계획 같은 것을 물었더니 찬연은 어쩐지 자신이 시와 멀어진 듯하다고 대답했다. 그래도 투고를 해보는 게 어떻겠니, 말하면서도 내 권유에 대한 확신이 없었다. 투고 후 반려를 당하거나 당하지 않고 책을 출간하는 게 찬연에게 과연 기쁜 일일까. 찬연에게 시는 이제 너무 시시하거나 서먹한 존재가 돼버린 것은 아닐까. 더 묻고 싶은 게 많았지만 시간이 촉박했다. 찬연은 나와 다르게 이런 질문들을 많이 했다. 그래서 선경, 시 쓰는 일은 재미있어? 대학원은 어때? 공부하는 것도 좋고? 선경, 너는 지금 어떤 것 같아? 충분히 즐겁니?

그런 질문들 앞에서 대답을 고르는 데 나는 얼마큼의 시간을 썼으며, 또 얼마큼의 시간 동안 망설였을까. 우리는 서로가 무엇을 즐거워하고 좋아하는지 궁금해하기보다는 서로가 무엇을 하든 즐겁고 좋기를 바랐던 것 같다. 그래서 자꾸자꾸 확인하려 했던 것 같다. 담배가 비싼 대신 날씨는 덜 추운 파리에서 찬연이 외롭지는 않은지, 사람이 너무 많은데도 살을 엘 것처럼 추운 서울에서 내가 충분히 즐거운지 등을. 그러니까 서로가 늘 괜찮기를 바라는 마음을. 그렇게 각자가 사는 도시가 각자에게 조금 더 다정하길 기원했다.

  찬연과 포장된 케이크 상자를 앞에 두고 나눈 짧은 대화는 그런 마음을 주고받기에 충분했다. 담배를 피우고 헤어질 때 서늘하고 건조한 바람이 불었고, 착각인지 아닌지 눈송이 두엇쯤 날리는 것도 같았다. 혼자 남아 버스를 기다리는 동안 내가 확인조차 해보지 못한 케이크 상자 속에 주문한 것과 다른 케이크가 들어 있으면 좋겠다는 생각을 했다. 뭔가 다른 케이크가.

소진 앞에서 구차한 사람

 그러다가 소진돼요. 언젠가 나를 염려하는 투로 누군가 이런 말을 했다. 너무 많은 일을 한꺼번에 처리하지도, 밀린 방학 숙제 몰아서 해치우듯 시를 쓰지도 말라는 뜻이었을 것이다. 그때만 해도 나는 홀로 1일 1시 쓰기 챌린지를 수행하고 있었다. 아무도 시키지 않았고 그저 내가 즐거워서 시작한 일이었다. 그런데 소진. 소진이라니. 누구나 그렇겠지만 작가라면 더욱이 두려워할 법한 단어다. 때때로 나 역시 '쓰고 싶은 건 딱히 없는데 뭔가를 쓰고는 싶은 상태'를 겪고는 하지만 그것이 소진이라고는 생각하지 않는다. 소진은 뭐랄까, 나 자신이 바닥나고 바닥나서 내면이라는 창고에 먼지 한 톨 굴러다니지 않는 상태, 글을 쓰게 하는 근원마저 사라진 상태를 말하는 것 아닐까? 그야말로 '없음'의 상태. 쓸 수 있는 게 없음. 쓸 마음도 없음. 정말로 그런 '없음'이 내게도 찾아올까? 시를 쓰고 싶었으나 쓰기에 실패한 오늘도 스스로가 아직 소진되지 않았다고 믿으며 이런 질문을 하고 있다.

그때 나는 나를 염려하던 다정한 이에게 뭐라고 대답했더라. 댁이 무슨 상관이에요? 같은 대답은 아니었겠지. 나를 향한 걱정을 이따금 주제넘은 간섭으로 여기기는 하지만 말이다. 그래서 소진이가 누군데? 이따위 대답도 아니었을 것이다. 시시껄렁한 농담을 던지기에는 썩 친하지 않은 상대였으니까. 아마도 나는 왠지 모를 수치심을 느끼며 변명하듯이 대답했을 테지. 그렇게까지 애쓰지는 않아요. 소진되거든 다시 채우면 되죠. 어떤 대답이었든 나는 이미 틀린 기분을 느꼈을 것이다. 선경씨 그러다가 소진돼요, 라는 말이 진정 나를 향한 걱정이라기보다는 나에 대한 의심이나 지적처럼 다가왔을 테니까. 몇몇 사람들은, 특히 선배 작가들은 내가 조급해한다고 생각하는데 그건 어느 정도 사실이다. 기본적으로 나는 누구에게든 잘 보이고 싶어서 안달난 사람인데다 남들보다 급한 성미를 지녔으니까. 만일 이런 게 결함이라면 성격적 결함일 뿐인데, 가끔은 문학에 임하는 태도나 가치관을 의심받곤 한다. 물론 나는 작가가 문학에 임하는 태도나 가치관이 마땅히 어때야 하는지 잘 알지 못한다. 진정성이나 정치성을 운운하자면 그건 더더욱 잘 모르겠다. 그것이 내가 지적당하거나 의심받을 때 느끼는 수치심의 이유겠지. 어쩌면 나에게 정말 결정적인 결함이 있을지도 모른다는 것. 사실은 나도 나의 진짜 결함을 잘 모르면서 저 그런 사람 아니에요, 항변하고 싶은 마음만 앞선다는 것. 애초에 뭔가 찔리는 구석이 있는 사람처럼 불리한 상황에 놓이는 걸 경계한다는 것.

그러니까 소진되지 않도록 조심하라는 말은 벌써 내가 소진된 것처럼 보이고, 더 꼬아서 듣는다면 '문학 그렇게 하는 거 아닌데'라는 뜻까지 내포할 수 있으며 돌이켜보니 이미 내가 그렇게 들은 것 같아 자괴감이 든다는 이야기다. 수치심과 자괴감은 물론 내 글쓰기의 커다란 동력이지만, 그 사실 또한 나를 수치스럽고 자괴감 들게 만들곤 한다. 다른 작가들은 소진되지 않기 위해 어떤 노력을 기울일까? 같은 태평한 고민을 쓰려고 시작한 이 글이 보다 깊은 나의 심연을 드러낸 것 같아 이 역시 수치스럽다. 소진되지 않기 위한 노력을 말하기보다는 오히려 소진을 부정하면서 흡사 약장수처럼 떠들어댄 기분이다. 그런데 약장수나 사기꾼과 작가는 어떻게 다른가. 일단 작가는 타인에게 피해나 상처를 입히진 않잖아. 이런 질문 역시 내가 약장수나 사기꾼이 아니라고 항변하고 싶어서 던지는 것 같다. 심지어 실제로 의심을 받아본 적도 있는 듯하다. 의심에 대한 의심과 변명에 대한 변명이 줄기차게 이어질수록 나에겐 홈집이 새겨지는 것 같다. 영은이가 그랬다. 자해는 도파민을 유발한다고. 잠을 자지 않는 것도 일종의 자해인 걸까? 그런데 나는 못 자는 건데. 또다시 변명.

 매일 바라고 또 바란다. 오늘은 시를 쓸 수 있기를. 안 되면 내일. 안 되면 모레. 나는 조급한 사람인 동시에 구차한 사람이기도 하다. 구차한 와중에 질투도 심해서 선배 시인의 시집을 읽고 배 아파하고 있다. 뭐야, 너무 좋잖아! 하면서. 그렇다면 이 좋음을 억누르지 말고 시 쓰러 가야겠다. 적어도 구차하게 시를 쓰는 사람은 약장수나 사기꾼이 되긴 힘들 거다.

마음샌드는 안 먹어봤지만 마음이 샌드되어 있다고 생각하면 왠지 좀 부담스럽다!

샌드위치를 먹고 일 리터짜리 커피를 천천히 마신다. 마셔도 마셔도 줄지 않는 커피가 아쉬움을 지연시키고 나를 안심시킨다. 카페인은 이상한 묘약 같다. 정신을 깨우는 것도 같고 마비시키는 것도 같다. 어느 쪽이든 카페인을 섭취하지 않은 것보다는 낫다. 노래를 들으면서 책을 읽는 동안 하나씩 주워먹던 크래커가 동이 났다. 이 크래커는 칠리가 대만으로 여행을 갔다가 사온 것으로 사이에 누가가 샌드되어 있다. 겉면은 약간 짭조름하면서도 고소한데, 중간에 끼워진 누가가 달고 쫀득하게 씹힌다. 아무튼 샌드위치와 간식이 동났어도 커피와 읽을 책은 남아 있다. 나는 이 잔여가 약간은 절묘하다고도 생각한다.

책을 다 읽은 후에는 대체로 뭔가를 쓰고 싶은 충동

에 시달리는데, 그 뭔가가 뭔지는 정확히 알지 못한다. 그래서 퍽 난감한 채로 충동을 강화시키기 위해 또 읽을 것이 없는지 끝없이 두리번거리게 된다. 혹은 일기를 쓴다. 어떤 날에는 하루종일 쓰고, 또 어떤 날에는 눈 뜨자마자 거의 바로 쓴 뒤에 하루가 끝났다 생각해버린다. 일기를 한 편 완성했을 뿐인데 그날 하루는 아무것도 못하게 된다. 일기가 나를 때려눕힌 것이다. 되도록 천천히 때려눕혀지기 위해서일까? 최대한 늑장을 부리면서 쓴다. 한 줄 쓰고 딴짓을 하다가 다시 일기로 돌아오는 식이다. 그래서 이전 문장이 너무 오래된 과거의 문장이 되어 다음 문장과의 거리가 멀게 느껴질 때가 있는데, 그것이 왠지 누가 크래커를 상기시킨다. 크래커와 크래커 사이에 누가가 샌드된 것처럼 문장과 문장 사이에 시간이 샌드된 것이다. 누가와 시간은 도톰할수록 쫀득하다.

첫 시집과 나 사이의 시간도 서서히 도톰해지는 중이다.

『샤워젤과 소다수』 출간 이후에 출판사와 서면으로 진행했던 미니 인터뷰를 우연히 다시 읽게 되었다. 어떤 대답은 가식적으로 느껴져 역했고 어떤 대답은 너무 나 같아서 역했다. 언젠가 '나는 왜 나를 역겨워하는가'라는 제목의 글을 써보고 싶다. 하지만 왠지 그 글은 거의 토사물에 가까울 것 같다. 역겨워서 토를 하는 건지 토 한 걸 보니 역겨운 건지 인과관계를 밝히기는 어려울 것 같다. 어쩌면 글쓰기란 역겨워함-토함-역겨워함-토함의 연쇄 작용이 아닐까? 글쓰기뿐만 아니라 많은 창작 행위, 혹은 인간관계도 그러할 것이다. 특히나 인간관계는 그 자체만으로 시간의 토사물 같달까.

오아시스가 재결합했다는 소식을 들었다. 인간관계가 시간의 토사물 같다고는 했지만, 그건 내가 기본적으로 사랑에 역겨운 구석이 있다고 생각하기 때문이다. 인터뷰도 바로 그러한 내용이었다.

Q. 시인님이 이번 시집을 준비하면서 떠올렸던 사랑의 형태가 무엇인지 궁금해집니다.

A. 사랑은 징그러운 데가 있다고 생각합니다. 「별사탕과 연금술사」에서는 "잘 익은 알밤을 쪼개면" 기대와 달

리 "열매의 안쪽에서 꿈틀대는 벌레가/사랑의 형상에 가깝다"고 표현했는데요. 제게는 너무 아름다운 것이 때때로 혐오스럽듯 어떤 혐오의 대상 혹은 혐오스러운 이미지가 아름답게 느껴집니다. 그러나 아름다움도 혐오스러움도 영원하지 않습니다. 모든 것이 영원하지 않기 때문에, 사랑하는 존재는 무력감을 느끼지요. 그리고 같은 이유로 초월적인 힘을 발휘하게 됩니다. 얼마나 초월적이냐면 도저히 극복할 수 없는 영원의 불가능성마저 감당할 수 있습니다. 그런데 역시…… 사랑하는 대상이 영원하기를 바라는 마음은 징그럽지 않은가요? 아름답습니다. 가까스로.

뭐라고 하는 건지 이해하고 싶지 않다. 이제 와 고칠 수 있다면 첫 시작을 "사랑은 징그러운 데가 있다고 생각합니다. 특히 사랑하는 대상이 영원하기를 바라는 마음이 징그럽습니다" 정도로 써보겠지만 이건 지금의 생각이고, 나중 가서는 생각이 또 바뀔지도 모른다. 아니, 틀림없이 바뀌고 말 것이다. 어쩌면 오아시스도 단지 생각이 잠시 바뀐 것뿐일지도 모른다. 도톰한 시간에 비해 생각은 아주 얇을 수 있다. 에어컨 바람이 슬슬 차갑게 느껴지는 늦여름, 시간은 덮기에 좋고 생각은 껴입기에 좋다.

첫 시집 출간을 앞두고

『샤워젤과 소다수』를 출간하고 얼마 지나지 않아, 엄마 친구분(나는 열쇠 가게 이모라고 불렀다)이 인스타그램 피드에 내 시집을 올려주었다. 게시물 본문에선 나를 '엉뚱발랄했던 꼬꼬마 선경이'라고 칭하고 있었다. 멀고 낯설고 이상한 느낌이 들었다.

출간을 앞두고는 사실 몹시 두려웠다. 구십 퍼센트의 축하보다 십 퍼센트의 우려와 마뜩잖았던 눈빛을 더 선명하게 기억한다. 더군다나 나는 단 한 번도 나에게 만족해본 적이 없으니까. 매일이 불안하고 매일이 무서웠다. 동시대, 특히 또래 시인들과 비교될 거야. 아니, 아무도 모르게 그냥 조용히 망해버릴 거야. 냉혹한 평가든 무관심이든 온몸으로 견뎌야 하겠지. 자신이 없다거나 걱정이 된다거나 하는 나약한 소리를 하면 사람들의 신뢰가 떨어질까봐, 그건 그것대로 무서우니까, 최대한 말을 아끼고 싶었다. 내 감정을 숨기고 싶었다. 그런데 역시 어려웠다. 내가 현명한 사람이었더라면 어떤 태도를 취할 수 있었을까? 담담하게 다음 시를 써내려갔을까?

오늘은 오늘 쓸 수 있는 시를. 오늘만 쓸 수 있는 시를. 나는 더 노력해야 한다. 남에게 보여주기 위해서가 아니라 내가 나를 믿을 수 있게. 나에게서 나를 구할 수 있게. 한글 창을 열고 용기를 얻기 위한 주문과도 같은 문장을 썼다. "나에게는 아직 끝낼 수 있는 인생이 남아 있다." 물을 마시고 다시 보는데 "나에게는 아직 끝내주는 인생이 남아 있다"로 읽혔다. 차라리 그편이 덜 무책임해 보였다. 나는 내가 부족하다는 걸 잘 안다. 솔직히 가끔 쪽팔린다는 생각도 든다. 그러니까 더더욱 정직해야 한다. 지금 내가 할 수 있는 일을 묵묵히 해야만.

처음부터 시집을 기획하고 시를 쓰는 시인이 있는가 하면 일단은 쓰고 싶은 시를 쓰고 시편이 모이면 묶는 시인이 있는데, (아직까지) 나는 후자에 속한다. 그래서 주변에서 시집 콘셉트가 뭔지, 어떤 기획인지 물어오면 입을 꾹 닫게 된다. 내가 쓴 시들은 하나로 모으려고 할수록 여기저기 흩어지는 느낌이다. 때로는 억지로 대답을 만들어내기도 한다.『샤워젤과 소다수』같은 경우는 한껏 울고 난 뒤의 청량함, 이라고 소개하고는 하는데 그럴 때마다 정말 부끄럽다. 나에게 생각이랄 게 있기나 한가. 의도는? 하고 싶은 말은?

『샤워젤과 소다수』는 내 일상의 총합이고 거기에 상상력을 보탠 비일상까지 포함돼 있는 시집이다. 일상과 비일상은 별개가 아니라고 생각한다. 두번째 시집도 마찬가지다. 아마 나는 앞으로도 일상에서 출발하는 일상적인 시를 일상적으로 써나가지 않을까. 때로는 의도나 이유를 지어내기도 하면서. 그런 것이 정말로 의미가 있나. 있다. 있어야지. 모이면 모이는 대로, 흩어지면 흩어지는 대로. 하지만 모이다가 흩어지고 흩어지다가 모여도, 그렇게 일관성이 없어도 괜찮을까…… 알 수 없다.

료스케는 시집 원고를 절반까지 읽더니 그냥 다 좋다고 했다. 좀더 냉철하게 말해달라고 했지만 그럴 수 없다는 하소연만 돌아왔다. 나에 관해서는 냉철할 수 없다는 그의 말은 한편으로 고마웠고, 찡했고, 다른 한편으로는 섭섭했다. 왜였을까. 나를 작가로 존중해주지 않는 것 같아서? 냉철할 수 없다는 말은 핑계일 뿐, 제대로 읽어주지 않는 것 같아서? 별로인데 솔직하게 말하지 못하는 것 같아서? 나는 지나치게 타인의 평가에 매달리는 것 같다. 특히 부정적인 평가는 절대적이라고 할 수 있을 만큼 강력하게 나를 지배한다. 나는 그것이 나를 지배하도록 내버려둔다. 그 상태가 마음에 들어서는 아니다. 단지 내가 어떤 평가 안에서 의기소침해지거나 반발심을 느낀다는 게…… 이상하게 편안하다.

이상과 현실

 모 신문사에서 『샤워젤과 소다수』 관련 인터뷰 요청이 들어왔다. 십오 분 동안 이어질 통화에서 내가 왜 시인이 되었는지, 시집을 통해 무엇을 이야기하려 했는지 물을 예정이라고 했다. 십오 분 뒤에 다시 전화가 걸려올 거라는데, 나는 아무것도 준비되지 않은 채로 그냥 괜찮다고 했다. 괜찮습니다. 편하실 때 전화 주세요……

 [십오 분 동안 쓴 예상 질문에 대한 답변]
 저는 저의 기억에 많이 지배당하는 채로 사는데요. 저를 지배하는 모든 기억을 사랑할 수는 없습니다. 실은 사랑할 필요도 없지요. 하지만 기억으로부터 자유로울 수 없기 때문에, 이왕이면 기억과 사이좋게 지내기 위해 시를 쓰는 것 같아요. 때로는 기억에게 '나 이렇게 너를

많이 생각하고 있어' 증명하려고도 하고요. 기억을 멋대로 왜곡하고 각색해서 시를 쓸 때 해방감을 느끼기도 합니다. 기억과 저의 불화를 기록해두면 차차 화해하거나 화해하지 않길 선택할 수 있습니다. 기록해두지 않으면 화해하지 않은 채로, 혹은 화해의 가능성을 떠올리지도 못한 채로 잊고 말 것입니다. 저는 기억에게 지배당하는 것이 불편하고 기억으로부터 자유로울 수 없어 괴롭지만, 계속해서 기억하는 것이 저의 윤리이자 방어기제라고 생각합니다.

시집을 통해 하고 싶었던 말은 우리의 평범한 일상 속에 비일상이 있다는 이야기였는데요, 그를 통해 사랑과 용기를 전하고 싶었습니다. 비일상은 일상 바깥을 의미하는 것이 아닙니다. 샤워젤과 소다수를 예로 들어본다면, 저는 사랑하는 사람과 소다수로 가득찬 수영장에 풍덩 빠지는 상상을 했었거든요. 그랬더니 정말 그런 기분이 드는 거예요. 아니, 정말 우리가 그런 상황 속으로 들어와버린 거예요. 이런 상상 역시 저는 기억의 연장이라고 생각하는데요, 바꿔 말하면 비일상이 일상의 연장인 거라고도 할 수 있겠지요. 사랑이나 용기가 때로 나의 일상과 무관해 보이더라도…… 이미 저의 일상 속에, 제 바로 곁에 있다고 믿음으로써 저는 사랑과 용기를 획득하는 것 같습니다.

[실제로 한 말]

신문사 '나는 살아남아 시인이 됐다'는 문장은 어떤 의미에서 쓰신 걸까요?

나 해당 시를 보면 아시겠지만 제가 어릴 때 학교폭력을 당했거든요…… 굉장히 무차별적으로…… 물리적인 폭력을 당하다보면 아주…… 무력감이 듭니다…… 그때 당시의 무력했던 저에게…… 너는 그래도 살아남을 것이다…… 살아남아서 시인이…… 시인이 된다…… 이렇게 말하고 싶었나봅니다……

중학생의 기분과 귀여운 음식

파주의 문학동네 본사에 다녀왔다. 『샤워젤과 소다수』 동네 서점용 사인본 삼백 부를 만들기 위해서였다. 여름의 파주는 처음이었는데 무척 덥고 온 사방이 파릇파릇했다. 이 나무들이요, 아무렇게나 자란 것 같지만 조경 사업으로 심긴 거래요. 나와 나란히 걷던 L 편집자님이 알려주었다. 나무가 이렇게 울울하게 자라려면 얼마큼의 시간이 필요할까? 같은 생각을 하기에는 솔직히 너무 더웠고. 갈증이 나서 뭐라도 빨리 마시고 싶다는 생각만이 간절했다.

카페에서는 편집자님과 음료를 마시며 산문집에 관한 이야기를 나눴다. 아무리 이야기해도 책의 테마나 콘셉트가 명료해지지 않는 것 같아서 혼자서 따로 고민해봐야겠다는 생각이 들었다. 이건 그냥 보잘것없는 내 일기들일 뿐인데. 한데 모으려 해도 자질구레한 상념들 때문에 흩어져버릴 텐데. 나는 약간 위축되는 기분을 느꼈지만 그래도 마음 한편에는 기대감이 자리잡고 있었다. 산문집이라니. 내가 주인공인 책이라니. 하지만 이런 속물적이고 비대한 자아를 가져도 되는 것일까…… 아리송했다.

커피를 사 들고 문학동네 사옥으로 들어서니 어두컴컴한 내부가 나를 반겼다. (정말이지 문학동네 1층은 왜 이렇게 어두운 걸까?) 4층 회의실에서 바로 서명을 진행했다. L 편집자님은 내 옆자리에 앉아 마감중인 원고를 들여다보았다. 창밖은 역시나 나무가 울창하고, 매미는 맴맴. 왠지 종례가 끝나고 남아 깜지를 쓰던 중학생 때로 돌아간 것 같았다. 여름방학은 언제 오려나, 이런 생각을 해야 할 것도 같았고. 이 장면을 오래도록 기억하게 될 것 같다는 예감이 들었다. 조용히 내 할일을 하면서도 생각을 비울 수 있던 때가 최근에 있었나. 손은 바쁜데 마음은 점점 차분해졌다. 편집자님이 음악을 들어도 된다고 했지만 나는 그냥 매미 울음소리나 들었다. 중학생의 기분을 계속 느끼고 싶어서. 도무지 방학이 오지 않는 1학기, 종례는 끝났는데 집에 가지 못하는 게 억울하면서도 창밖으로 느껴지는 열기에 괜히 뒷덜미나 긁적이게 되는 중학생의 기분. 유난히 말수 적은 짝꿍, 아니 편집자님은 혼자서 쿠키를 꺼내 먹었다. 그 모습이 여느 내성적인 중학생과 다름없어 보여 실없이 미소가 지어졌다(실은 나를 방해하지 않기 위해서란 걸 알았지만). 이백오십 권을 돌파했을 때에야 퇴근 시간에 맞추기 위해 노이즈 캔슬링 헤드폰을 쓰고 속도를 냈다. 삼백번째 서명을 마친 건 여섯시 오 분 전에 다다라서였다.

셔틀버스를 타고 합정으로 가서 하야시 오므라이스와 파르페를 먹었다. 오므라이스는 살짝 짰고 파르페는 셨다. 짠맛과 신맛은 별로 조화롭지 않았고 그 점이 마음에 들었다. 둘 다 눈으로 보기에는 귀여웠다. 때로는 맛있는 음식이 아니라 귀여운 음식을 먹고 싶은 법. 그날이 꼭 그런 날이었다. 음식을 다 먹고 나왔을 때는 어둑어둑한 저녁이 되어 있었다. 집으로 가는 전철 안에서 내내 생각했다. 나 열심히 살아야지. 삼백 권 서명도 거

뜬히 해냈으니 더 열심히 쓰고 더 잘돼서 오백 권은 요청받아야지. 그 이상은 좀……*

---

* 이후 두번째 시집 서명은 한꺼번에 칠백 부를 했다.

겨울보다 여름에 가까운 심장

비가 내린다. 가을이 가을 같지 않고 시절이 시절 같지 않다. 아직도 여름의 연장선에 있는 듯하다. 더이상 여름에 관해 이러쿵저러쿵 떠들고 싶지가 않은데. 어설프게 단풍 물이 든 나무를 보며 왜 아직이냐고 다그칠 수도 없는 노릇이다. 유튜브 뮤직 알고리즘은 여전히 우타다 히카루를 골라 나에게 들려준다. 우타다 히카루 노래를 들으면 겨울의 삿포로가 떠오르지만 지금으로서는 멀게만 느껴진다. 실은 내가 겨울보다 여름에 가까운 심장을 가졌다고도 생각한다. 어쩌면 몇 년째 그리워하는 삿포로보다 침사추이에 가까운……

메일링 서비스 구독자 한 분이 내가 보내드린 시에서 "토마토는 껍질을 벗겨도 빨갛다"라는 문장이 좋았다고 말해주었는데 나는 그것이 내가 쓴 문장인 줄 전혀 눈치

채지 못했다. 그 시가 담긴 파일을 열어보기 전까지 의심했다. 왜냐하면 그 문장은 두번째 시집에 싣고 싶었던 말에 완벽히 부합했기 때문이다. (나는 내가 받은 칭찬이 내 몫인지 의심하고 내 마음에 든 내 생각이 내 것인지도 의심하는 경향이 있다.) 하지만 시의 전문을 읽어보니 시집에 실었을 때 별다른 효력을 발휘할 것 같지 않아 내심 안도했다. 이미 묶은 원고에 새로운 원고를 추가하는 것마저 피곤하게 느껴진 까닭이다.

두번째 시집 때문에 한동안 골머리를 앓았다. 처음 원고를 묶고선 그뒤로 열 달 동안 이리저리 배치를 바꿔보고 시의 구성도 달리해보고 세세한 문장과 단어를 고치기도 했다. 첫 시집과는 또다른 느낌을 주는 동시에 한 가지 면에서라도 발전한 모습을 보이고 싶었고 더 좋은 반응을 이끌어내고 싶었다. 과한 욕심인 걸까? 물론, 첫 시집은 내 예상보다 많은 사랑을 받았다. 하지만 감당이 안 될 정도는 아니었고 과한 관심이라는 생각은 조금도 들지 않았다. 호평도 악평도 지나치다고 생각되지 않았다. 나는 아직 더 읽히고 싶은 마음으로 부풀어 있었다. 더불어 나에 대한 기대를 접고 싶지가 않았다. 세상이 더는 나에게 아무것도 기대하지 않는다고 하더라도 나는 나에게, 그리고 세상에 언제나 어느 정도의 기대감은 가지고 싶다. 그 최소한의 기대는 삶에 대한 최소한의 애착과 같다. 그것이 나를 번번이 일으켜세울 수 있다고 믿는다. 실질적인 결과나 성과보다는 그것에 대한 기대감이.

다행히 나는 한두 번 망한 걸로는 절망하지 않는다. 남들이 너 망한 거야, 너 망한 거 아니야, 왈가왈부하는 건 중요하지 않다. 중요한 건 내가 다음을 기약할 수 있느냐는 것이다. 그러니까 새 시집이 잘되지 않거나 오늘 쓴 시가 별로거든 이렇게 말하면 된다. 또 해볼게요. 이번에는 더 잘해볼게요.

최근에 타로를 봤다. 실은 사주 타로 앱을 구경하다 그만 사만원을 결제해버렸다⋯⋯ 온갖 좋은 말만 적혀 있어서 미심쩍으면서도 내심 기분이 좋았다. 심지어 결과 풀이에 적힌 어떤 말들은 매우 시적으로 느껴졌는데, 이를테면 '사랑의 장면에 천사가 함께한다는 것'. 그 밖엔 '계약 가능성이 강하다' '계약이 체결될 것이다' '비즈

니스 미팅, 계약에 준비된 상태로 나타난 고선경님의 모습' 순 이런 말들뿐이어서 당황했다. 어쩌면 이것 역시도 시적이라고 생각할 만큼 들떴던 것 같기도 하다. 그리고 내가 고른 숫자 '0'에 해당하는 바보 카드가 '무한대로 뻗어 나갈 수 있음'을 의미한다는 점. 그림 속 그 바보는 가벼운 봇짐을 들고 여행을 떠나려는 참이라는 점 역시 나에게 막연한 희망을 보여주는 것 같았다.

조언을 좋아하지 않지만, 때로 달갑게 느껴질 정도로 나를 잘 구슬리는 조언에는 솔깃하게 된다. "나는 다른 사람들에게 나를 증명할 필요가 없다"라는 메시지를 뽑으셨군요. 화면에 떠오른 문장에 어딘가 찔린 기분이 들었다. 내가 습관처럼 증명하려 드는 것을, 심지어 나 자신에게도 증명을 요구한다는 것을 어떻게 알았지? 내 인생에서 중요한 가치관과 우선순위는 무엇인지, 내 만족감은 어디에서 오는지를 점검해보라는 구체적인 대안도 제시되어 있었다. 증명하지 않는 삶. 증명되지 않는 삶. 그것은 뭘까. 혼란스러워하며 마지막 두 문장을 읽었다. 정의의 여신이라면 행운 정도는 쉽게 만들 수 있죠. 그 힘이 고선경님 안에 이미 살아 숨쉬고 있다는 사실을 기억하세요.

내가 보다 논리적이고 이성적인 사람이었더라면 이렇게 생각했을지도 모른다. '나는 논리적이고 이성적인 사람이라서 증명을 내세우고는 했던 건데 타로는 그 짓을 관두고 나에게 깃든 정의의 여신을 믿어보라고 하네. 아, 내 사만원.' 그러나 나는 근거 하나 없이 정의의 여신이 내 편이라고 말해주는 이 타로 결과를 천연덕스럽게 믿고 싶었다. 증명하지 않아도 되는 것은 증명하고 싶지 않다. "나는 다른 사람들에게 나를 증명할 필요가 없다"고 주문처럼 외우고 싶다.

내가 겨울보다 여름에 가까운 심장을 가졌든 말든 가을은 온다. 가을은 자신이 가을임을 증명하지 않는다. 그리고 나 역시 심장을 꺼내 보이지 않아도 괜찮다.

현실은 싸워야 할 대상이 아니에요

명지대학교에 특강을 다녀온 날, 저녁으로 곱창에 소주를 마신 뒤 집에 들어와 쓰러지듯 잠들었다. 일찍 잠든 탓인지 다음날 일찍 눈이 떠졌고, 책 몇 권을 챙겨 카페에 갔다. 여덟시 반부터 열한시 반까지 딱 세 시간. 책을 한두 권 읽다보니 글을 좀 쓰고 싶어졌다. 그래서 노트북을 켰는데 별안간 어제 무슨 말을 그렇게 떠들었더라? 그런 생각이 불쑥 들었고 그 순간 내가 뱉은 말들이 파도처럼 귓가로 밀려들어왔다.

그래. 그랬지. 직종 소개를 해달라기에 대뜸 수입을 공개했다. 작가의 생계에 관한 이야기를 빠뜨릴 수 없을 것 같아서였다. (물론 절대적이지도 고정적이지도 않고 개인차가 크다고 덧붙였다.) 그리고 똥 이야기를 했다. 갑자기 똥 이야기를 해서 갑작스럽겠지만 맥락이 없지는 않았다.

언젠가 변기가 막힌 것을 모두가 외면하고 있을 때 친구 하나가 '네가 싼 현실을 직시해'라고 말한 적이 있다. 그뒤로 친구들과 나는 똥을 '현실'이라고 부르기 시작했다. 그러니까, 현실을 누고 싶다거나 현실을 참는다고 말하는 식인데 그것이 은근히 시적이지 않냐는 말을 명지대 학생들에게…… 명지대 학생들에게 미안하다. 저녁 식사를 해야 할 시간에 현실 이야기를 해서. 그리고 이제 와 말하지만 특강에서 변기를 막은 건 친구가 싼 현실이라고 했는데, 사실 내가 싼 현실이었다. 반성하는 기분으로 친구에게 메시지를 보냈다. 어제 명지대 학생들에게 현실을 좀 가르쳐주고 왔어. 금세 답장이 돌아왔다. 파릇파릇 자라나는 새싹들에게 거름을 주고 왔구나.

신기한 경험이다. 나는 여러 사람 앞에서 말하기를 몹시 어려워해서 대본을 만들어 가는 편인데, 프린트한 내용보다 즉석에서 떠올린 말이 더 기억에 남는다. 언젠가는 구구절절 써 내려간 대본 없이도 평탄한 강연을 할 수 있을까? 솔직히 자신이 없다. 실은 어떤 강연도, 강의도 떠맡고 싶지 않다. 낭독회조차 부담스러울 때가 있다. 일대일로 대화를 나누는 거라면 몰라도 여러 사람 앞에서 일방적으로 떠드는 건 일면 괴롭고 수치스럽다. 나는 생각보다 쉽게 긴장하고 사람들 앞에서 심하게 얼어붙기 때문이다. 그리고 대화가 아닌 '말'을 두려워하지. 그러니까 일방적으로 전달하는 말. 그건 소통이 아닌 것만 같다. 소통의 가능성은 있지만 그에 대한 확신이 없어서 나를 한없이 작아지게 만든다.

다시 현실 이야기를 해야겠다. 사람들은 헛소리를 일삼는 이에게 입으로 똥 싼다고들 한다. 어릴 적 나는 언어적 과민대장증후군이었으나 커가면서 누적된 수치심으로 인해 언어적 변비에 걸리고 말았다. 나의 현실을 대면하는 일이 지나치게 두려웠기 때문이다. 나는 사람들이 어떻게 각자의 현실을 견디며 살아가는지 항상 의문이다. 현실은 결코 아름답지 않으니까. 그런데 현실의 반대말은 환상 아닌가. 그렇다면 제대로 된 완벽한 말이란 환상이라는 뜻도 된다. 더불어 나는 모든 환상이 현실에 기반하고 있다고 믿는다. 환상이라고 다 아름다운 것도 아니다. 그러니까 어쩌면 환상이라는 환상을 버리는 것부터 시작해야 하는 건지도 모른다. 그러다보면 언젠가 나의 현실이 환상을 초과할 것이다.

스티커를 붙이는 센스가 인생의 센스이기도 한 거다[*]

나의 노트북과 시집, 다이어리, 휴대폰 케이스에는 스티커가 덕지덕지 붙어 있다. 반짝이는 홀로그램 스티커며 올록볼록한 에폭시 스티커, 글씨가 적힌 말풍선 스티커 등등. 주변 사람들은 내 소지품을 볼 때마다 기함하고는 하는데, 자세히 살펴본 뒤에는 "신기해. 나름대로 규칙이 있어!" 하고 또 한번 놀라워한다. 만약 나에게 스티커를 붙이는 센스가 있는 거라면 몇 가지 팁을 알려줄 수도 있겠다. 첫째, 사이즈가 큰 스티커부터 붙여야 한다. 둘째, 스티커와 스티커 사이의 간격은 일정해야 한다. 셋째, 벌어진 간격조차 비어 보이지 않게 작은 스티커로 채워주어야 한다. 넷째, 때로는 스티커를 겹쳐서

---

[*] 영화 〈거북이는 의외로 빨리 헤엄친다〉 속 대사.

붙이기를 두려워하지 않아야 한다. 다섯째, 엉망으로 붙인 스티커를 다시 붙이기 위해 떼어낼 때는 커터칼을 사용하면 좋다. 어때, 제법 인생의 센스를 갖춘 사람처럼 보이는가?

 이틀째 두문불출인 나에게 친구는 겨울잠에 빠졌냐며 메시지를 보내 왔다. 이 주도 아니고 이틀인데, 겨울잠이라기보다는…… 겨울 졸기에 가깝지 않나? 갸웃하며 온갖 스티커가 너저분하게 널려 있는 책상을 내려다보았다. 그렇다. 집에서 칩거할 때 나는 주로 스티커를 가지고 논다. 그럴 때는 좀 새조차 없다. 스티커를 붙이는 일은 신중해야 하기 때문이다. 딱히 센스를 갈고닦기 위함은 아니지만 나는 핀셋으로 집은 스티커를 시집 표지 위에 이리저리 옮겨가며 대어본다. 아무래도 이 스티커는 틀린 것 같다. 아니, 틀린 스티커는 없지. 단지 내가 잘못 고른 것이다.
 이따금 생각한다. 센스란 뭘까. 어떤 상황의 미묘한 공기를 읽어내는 일? 더 나아가 그 공기의 뜻을 깨닫는 감각? 그것을 토대로 결정을 내릴 때 드러나는 어떤 탁

월함? 나는 특별히 센스가 좋은 사람은 아니다. 선물을 고르는 센스가 없어서 주로 상대방에게 대체 뭘 받고 싶은지 바른대로 말하라며 (관념적) 멱살을 잡고 흔드는 편이다. 휴대폰 수리 센터에서 떨어뜨린 적도 없는데 휴대폰이 고장난 게 맞냐며 기사가 나에게 눈짓을 줘도 엊그제 떨어뜨렸다고 똑바로 말할 사람이 바로 나다. 한마디로 눈치도 꽝이라는 거다. 인생은 때로 혹독하게 나의 센스를 시험하지만, 나는 그 시험에서 미끄러지기 일쑤지만, 그런대로 살아왔다는 점을 생각하면 센스가 다 뭐냐 싶기는 하다.

　틀린 스티커는 없듯이 틀린 센스도 없다. 내 멋대로 고른 선물은 상대방에게 어떻게 다가갈지는 몰라도 내가 보기엔 예쁘거나 멋진 것들이다. 마음에 들었으면 좋겠지만 마음에 들지 않는다고 해도 괜찮다. 선물에 담긴 내 마음이 진심이기만 하다면. 상대방은 포장도 뜯지 않고 선물을 선물인 채로 놔두거나 꺼내어 자신의 마음에 들게끔 꾸밀 수 있다. 나처럼 색색의 스티커를 덕지덕지 붙이는 식으로.

스티커를 붙이는 센스가 인생의 센스일 수도 있지만 센스의 전부는 아니다. 누군가는 비록 스티커는 엉망으로 붙일지언정 지루한 하루를 보낸 누군가에게 적절한 음악을 골라줄 수 있을 것이다. 재미있는 릴스를 골라 전송하거나. 방구석에서 칩거하며 스티커를 가지고 노는 나와 달리 음악을 듣거나 릴스를 보며 시간을 보내는 친구들을 생각한다. 스스로를 방에 가둬놓고 마음껏 자유로울 친구들을 생각하면 마음이 편하다. 그러다가 '얼굴에 휴대폰 떨어뜨렸어……'라고 메시지를 보내온 친구에게는 이렇게 답장한다. 괜찮아? 당장 핸드폰 수리 센터 가야 하는 거 아니야? 우리의 센스는 이런 것이다.

4부

그래,
이것을 첫눈으로 여기기로 한다

친구가 많다는 건 외롭지 않다는 게 아니라 내가 외로운 걸 아는 사람이 많다는 것

삶은 정말 이상하게 흐르는데 그것이 우리의 평범함을 증명한다.

가을볕에 물웅덩이 말라갈 무렵

생각한다. 글을 쓰지는 않고 생각만 한다. 타인의 진심 따위 헤아리고 싶지도 않고 그냥, 인간들 참 한심하네, 생각한다. 요즘의 나는 적의로 가득차 있기 때문이다. 적의와 자조 속에서 자꾸만 무너져내리는 것들이 있다.

이상하게 따뜻한 가을에 나는 나태하다. 나도 타인도 돌보지 않는다. 해야 할 일이 무엇인지 알려고 하지 않는다. 사람을 만나고도 사람을 어떻게 대해야 할지 모르겠다. 생활의 어떤 부분이 정지된 것만 같다.

이상하다. 이렇게 많은 걸 보고 듣는데, 전부 다 현실감이 없다.

볕은 부드럽고 바람은 차다.

앞으로의 대단한 계획 같은 건 없다. 내가 좀 편했으면 좋겠고 적당한 수입이 있었으면 좋겠고 책이 더 팔렸으면 좋겠을 뿐. 웃기는 생각을 많이 하고 싶지만 웃기는 일도 없고 웃겨주고 싶은 사람도 없다. 나 역시 누군가가 웃겨주고 싶은 사람에는 해당되지 않을 듯해 그냥 알아서 웃는다.

말도 안 되는 가정으로 현재를 비관하는 짓은 관둬야지. 예를 들어 '내가 어땠더라면 지금보다는 나았겠지?'라든가 '아, 이러이러하지 않다니 죽고 싶다' 하는 거.

도쿄 산보

아무래도 나는 여행과 산책을 잘할 줄 모르는 것 같다. 여러 번 시도해보고 내린 결론이다. 나에게는 그 두 가지 모두 관찰과 기록이라는 목적을 위한 수단으로 느껴진다. 어쩌면 목적이 있기 때문에 잘할 수 없는 건지도 모르겠다. 하지만 적어도 산책은 여행보다 가볍고 산뜻하며 일상적이라는 느낌이 들어서, 여행하는 내내 산책하러 온 것처럼 지내려 했다. 목적을 잃거나 잊어도 좋았다. 길과 길 아닌 곳을 유유자적 거닐 때 여행자가 아닌 생활인으로 보이기를 바랐다. 그래서 다시 방문한 도쿄에서는 곳곳의 공원을 찾아다녔는데, 그러기 위해 지도 앱을 켜고 목적지를 설정해야 한다는 것이 퍽 우습기도 했다.

주로 규모가 큰 공원들 위주로 찾았다. 내가 본 풍경

은 도쿄의 극히 일부일 것이다. 초록색이 선명한 나뭇잎들, 벤치에 앉아 음악을 듣거나 책을 읽거나 담소를 나누는 사람들, 또는 텅 빈 벤치, 검고 탁한 연못 아래에 무언가 사는지 가끔 수면에 일던 파문. 그리고 어떤 연못은 끄트머리가 누레진 연잎으로 뒤덮여 있었다. 땀을 많이 흘려 축축해진 셔츠에 바람이 닿으면 선득한 한기에 소스라쳤다. 이상한 가을의 장면이구나. 지금 나는 그런 장면에 들어와 있구나.

이유운이 쓰고 황유경이 그린 책 『산책채집』을 챙겼다. 세계 곳곳을 산책하며 관찰하고 기록한 내용이 담긴 책이다. 이유운은 앞서 말한 관찰과 기록을 충실하게 활용해 글이 마치 세밀화처럼 보이게끔 한다. 내가 잘할 수 없는 일, 가질 수 없는 시선, 발견할 수 없는 대상, 느낄 수 없는 감각이 책장마다 넘실거렸고 나는 그것을 동경에 찬 눈으로 꼼꼼히 읽었다. 하지만 금세 마음이 조급해져서 책장을 덮었다. 뜨거운 햇빛에 얼굴을 찡그리며 거리로 나섰다. 이유운은 더운 날씨에 마음이 너그러워진다고 썼던데. 그곳은 튀르키예고 이곳은 일본인 탓인가……

 가장 많이 걸은 동네는 숙소가 위치한 다카다노바바였다. 와세다대학과 가까워서일까. 밤이면 젊고 취한 사람들이 골목을 메웠다. 허름한 이자카야 앞에 쪼그리고 앉아 담배를 피우는 남자, 벽에 기대어 서서 머리카락으로 얼굴을 가린 채 한 시간째 통화하는 여자, 손을 맞잡고 느린 걸음으로 걸어가는 연인들, 정장을 빼입고 호객하는 아저씨들, 그리고 나처럼 호기심과 긴장감 어린 표정의 외국인들. 색색의 간판과 환한 조명들로 반짝이는 어두운 거리에서 헤매지 않으려 신경을 곤두세웠지만 때때로 익숙함을 느꼈다. 서울의 번화가와 너무나 흡사했기 때문이다. 기시감은 자꾸만 실망감을 부추겼다. 물론, 일본은 벌써 네번째 방문이라 기시감이 들지 않기도 어렵겠지만.

 낯선 감각을 느끼고 싶어하면서 왜 항상 익숙한 곳들만 맴도는 걸까. 더이상 새로운 볼거리가 없는 도쿄에서 왜 나는 여행자도 생활인도 아닌 채로 소격감을 느끼는 걸까. 소격감. 그건 이따금 나 스스로에게 느끼는 감정이기도 하다. 내가 산책을 못하는 이유 중 하나는 지루해서인데, 나를 산책하는 일이야말로 가장 지루하고 따분하다고 생각한다. 그러나 그 시간은 반드시 필요하다. 설령 방구석의 침대에 누워서일지라도. 머릿속을 거닐다가 웅덩이를 밟고 마음속으로 풍덩 빠져버리는 일. 머리 위로 출렁이는 차가운 물에 잠겨서라도 산책을 감행하는 일. 물속 깊은 곳에 버려진 서랍을 열고 거기 들어가 다시 산책하는 일. 성실한 산책자처럼. 그런데 어떤 산책이 성실한 산책인 걸까? 산책을 배우고 싶다. 산책을 배우고 싶다는 바로 그 생각을 산책한다.

짧고 두서없는 이 글을 누군가가 잠시라도 산책했으면 좋겠다. 이 산책로에는 다카다노바바가 있고 요코하마가 있고 신주쿠, 시부야, 시모키타자와, 고엔지가 있다. 윤슬이 반짝이는 푸른 바다가 있고 거대한 크루즈가 있고 길 위에서 서럽게 우는 아이가 있고 아이를 혼내다가 이내 달래는 엄마가 있고 허공에 나부끼는 비눗방울이 있고 보기만 해도 달콤한 크레페 파는 트럭이 있고 분홍색 혀를 내민 커다란 개가 있고 빈티지 옷을 파는 가게들이 즐비하다. 담배 연기가 가득찬 칵테일 바가 있고 휘황찬란한 색채로 빛나는 그곳의 칵테일은 상큼한 과일 향을 풍기고 바깥에서는 쥐가 쏜살같이 바닥을 달리고 있고 클럽의 남자들은 한 손에 스미노프 보드카를 들고 다른 한 손으로 여자의 허리를 만진다. 어이없는 음악이 흐르고 이거 애니메이션 주제곡? 생각할 때 친구는 즐거워한다. 이렇게 단편적인 풍경 속의 나 또한 하나의 풍경이라는 거.

도쿄는 나를 충분히 산책했을까.

하루가 끝날 무렵이면 차갑고 톡 쏘는 맥주를 마셨다. 목구멍을 따끔거리게 하는 탄산에 점점 둔해지고 취기가 오르는 동안 하루는 빠르게 휘발되었다. 술을 마셔도 마음이 너그러워지지는 못했다. 그렇지만 일상과 다름없는 평범한 하루를 보낸 기분이 되었다. 그 기분은 중요했다. 이건 여행이지만 일상이기도 해. 일상이지만 여행이기도 해. 바로 그게 산책인 듯해.

나리타공항으로 향하기 전 우에노공원에 들렀다. 그곳에는 작은 신사가 있는데, 소원을 걸어놓는 줄에 흰 종이들이 동여매어져 있었다. 어째서 관광지는 소원을 수집하는 걸까. 들어줄 것도 아니면서. 하지만 나 역시 사람들의 소원을 관광했다. 무슨 의미인지 알지 못하는 채로 비웃거나 동정하거나 응원하지 않으려고 노력하면서. 공원에 우거진 초록 잎들 아래에서 구름 낀 하늘을 바라보았다. 서울은 비가 오려나. 어떤 산책은 일주일, 일 년, 이십 년, 평생에 걸쳐 이루어진다. 길에서 얻은 깨달음은 아니고 백지에서 얻은 깨달음이다. 그러니 서울에 돌아가면 다시 백지를 마주해야지. 나의 소원은 흰 종이에 적을 것이 아니라 흰 종이 그 자체니까. 어떤 산책은 이렇게도 시작되는 것이다.

네일이나 내일이나

네일 아트를 배우는 사촌동생에게 네일을 받고 싶다고 연락했다. 참고할 만한 사진을 두어 장 첨부해서. 하나는 흰 바탕에 은색 별이 그려진 것이었고, 하나는 빨간 원에 초록색 꼭지를 올려 토마토를 표현한 것이었다. 사촌동생은 "할 수는 있는데, 완벽하게 할 자신은 없어"라고 말했다. 동생을 북돋아주고 싶은 마음이 앞서 나도 모르게 "완벽하지 않은 게 멋이야" 하고 대꾸했는데, 그 말에 도리어 내 고민들이 해결된 기분이었다.

주인공은 망상가

 추위 때문에 잠에서 깨어나는 일이 좋다. 의식적으로 정신을 차리려 노력하지 않아도 머릿속이 금세 맑아진다. 그렇지만 아직은 침대를 벗어나기 싫다. 이불을 목 끝까지 끌어당겨 덮는다. 그래도 추위가 가시지 않아서 전기장판을 사야겠다 생각한 아침. 환기를 시키려고 창문을 열었더니 서늘한 공기가 순식간에 방안을 채웠다. 샤워를 하고 건조한 피부 위에 러쉬 마사지 바를 문질렀다. 무겁고 미끄러운 감촉이 피부 위를 지나갈 때마다 진한 제비꽃 향기가 났다. 외출복을 갖춰 입고 나니 샤워하기 전 미리 주문한 피자가 문 앞에 배달되었다는 메시지가 도착했다. 콤비네이션 피자를 먹으면서 좋아하는 유튜버의 브이로그를 봤고 몇 번인가 소리 내어 웃었다. 이제 막 시작한 하루가 초겨울 차고 맑은 공기처럼 가벼웠으면 좋겠다고 생각했다. 물론 피자는 결코 가벼운 메뉴가 아니지만. 나를 지켜보던 칠리는 아침부터 그게 들어가냐고 면박 아닌 면박을 주었고 나는 어깨를 으쓱이는 걸로 응수했다. 칠리도 학원으로 떠나고 나는 짐을 챙겨 단골 카페로 향했다.

아침 일찍 하루를 시작한 것만으로 경쾌한 기분이 든다. 그렇지만 카페에 앉아 텅 빈 노트북 화면을 들여다보고 있으면 뭔가 울퉁불퉁한 생각들이 두더지 게임처럼 솟았다가 가라앉기를 반복한다. 나는 두더지를 잡지 않는다. 두더지가 튀어오르고 다시 숨는 모습을 우두커니 지켜본다. 혹은 그 모습을 노트북 화면에 복사하려고 시도한다. 잘 되지 않는다. 생각은 나름의 생물성을 지녀서 고정돼 있지 않고 계속해서 움직이기 때문이다. 꾸물꾸물 제멋대로 모양을 바꿔대기 때문이다. 예전에는 생각을 스스로 통제하지 못한다는 사실이 고통스러웠다. 하지만 이제는 생각들에게 두더지, 구름 조각, 애벌레 같은 이름들을 붙여주는 여유까지 생겼다. 두더지나 구름 조각, 애벌레는 통제할 수 없고 통제할 필요도 없다. 때때로 왜 하필 여기서 두더지가? 싶을 때가 있기는 하지만 대체로 큰 의미를 부여하지 않는다. 그냥 지금 내가 이러한 풍경에 속한 채로 풍경을 바라보고 있구나, 한다.

  풍경이라는 말은 좋다. 왠지 넉넉한 느낌을 주는데, 그 말이 풍경 너머를 상상하게 하는 까닭이다. 문득 영화 〈하울의 움직이는 성〉이 떠오른다. 하울의 성에서는 문고리를 돌려 원판의 색깔만 바꾸어 열면 다른 풍경이 획획 펼쳐진다. 어릴 적 나는 나만의 움직이는 성을 가지고 싶었다. 거기에 틀어박혀 평생을 살고 싶었다. 성에는 진귀하고 반짝이는 물건들과 비밀 일기장, 내가 좋아하는 만화 비디오와 책이 가득하고 언제든 문만 열면 원하는 곳으로 갈 수 있다는 상상…… 무엇보다 내가 자는 동안에도 성이 움직인다는 사실이 중요했다. 그래서 만화 〈원피스〉의 해적단에도 들고 싶어했던 걸까? 해적선은 한밤중에도 망망대해를 항해하니까. 어린 나는 아늑한 떠돌이 생활을 꿈꿨던 모양이다. 모험에는 별 관심 없지만 친구를 좋아해서 어쩔 수 없이 모험에 동참하는, 그러다가 주인공이 되고 마는 그런 상상이 지금 내 머릿속에서 풍경을 이루고 있다. 여기까지 적고 보니 내가 움직이는 성이 된 것 같다. 그렇습니다. 이 성에는 망상이 가득합니다.

   겨울이 깊어지기 전에 새 파자마와 전기장판을 장만하고 싶다. 푹신한 이불처럼 머리끝까지 덮거나 갓 나온 붕어빵처럼 호호 불어 먹기 좋은 망상은 얼마든지 마련돼 있다. 두더지, 구름 조각, 애벌레, 푹신한 이불, 갓 나온 붕어빵…… 내가 움직이는 동안 이것들은 잠들어 있어도 되고 이것들이 움직이는 동안 내가 잠들어 있어도 된다.

지구 일기

 백일장에 나가는 꿈을 꿨다. 열 개도 넘는 시제를 눈앞에 두고 나는 어지러웠다. 내가 왜 여기에 있지? 심사위원들은 나를 꿰뚫어 볼 것처럼 조용히 응시했다. 내가 땀을 삐질삐질 흘리며 원고지에 똥을 싸는 동안에도 시간은 착실하게 흘렀다. 신중하게 적어보는 한 글자 한 글자가 정말 똥으로 보였다. 똥 싸기, 아니 시쓰기가 끝난 뒤 내 기분은 영 개운치 않았다. 수상작 발표를 비롯한 모든 백일장 일정이 마무리되고, 담배를 피우며 동료 시인과 전화했다. 미안하군. 나 상을 받지 못했다. 다음에 또 기회가 있을 거야. 다음에 또 기회가 있으면…… 안 되는 거 아닌가? 땀이 식은 뒷덜미가 서늘해지는 것 같았다.

 잠에서 완전히 깨었을 때는 오후 두시가 넘은 시각이

었다. 나는 보통 가짜 기상을 세 번쯤 거치고 나서야 진짜 기상에 이르고는 한다. 가짜 기상과 진짜 기상 사이에는 갈등 기상이 있다. 갈등 기상은 이번 기상을 가짜 기상으로 두고 다시 잠의 수렁으로 빠질지 진짜 기상으로 발전시켜 마침내 하루를 시작할지 갈등하기 위해 깬 상태를 말한다. 갈등이 깊어지면 담배를 피우기도 한다. 원래 가짜와 진짜를 판별하는 데에는 얼마간의 갈등이 필요한 법이다. 갈등 기상 없이 진짜 기상을 이뤄낸 건 이미 오후 두시가 넘었기 때문이었고, 그맘때에는 본능적으로 좆됐음을 감지하기 마련이다.

빨래와 편지 쓰기, 시쓰기 등 해야 할 일을 헤아리다가 아무 상관 없는 책을 펼쳤다. 문보영 시인의 아이오와 레지던스 일기가 담긴 『삶의 반대편에 들판이 있다면』이다. 문보영 시인과는 별다른 접점이 없지만 몇 번 인사를 나눈 적이 있다. 그녀가 나를 기억할지는 미지수다. 얼마 전에는 미시건에 있는 대학원에 진학했다는 소식을 들었다. 책 속의 "나는 친구가 미국으로 유학만 가도 우주로 가버린 느낌이 든다"라는 문장처럼, 그녀가 우주로 가버린 듯한 느낌이 들었다. 나는 문보영 시인의 친구라기보다는 팬에 가깝지만. 호저와 수양은 나와 문보영 시인의 친구들인데 시인이 떠나기 전 여러 번 만나 인사를 나눴다고 들었다. 마치 초대받지 않은 결혼식에 불참해 논란을 빚은 코미디언 조세호가 된 기분이었다. 물론 나의 불참은 아무런 논란도 되지 않아 섭섭할 지경이지만. 언젠가 이렇게 물을 수도 있겠지. 우주는 안녕한가요?

아무래도 나에게는 한국이, 그리고 나의 사소한 일상이 지구로 대변되는 것 같다. 지구에 나라가 한국밖에 없는 것도 아닌데, 많이는 아니더라도 이 나라 저 나라 여행도 다녀봤는데. 왜 지구가 이리도 작게, 한국이 이리도 크게 느껴지는 것인가. 타인의 글을 읽을 때면 나의 세계가 얼마나 좁디좁은지를 실감한다. 가끔 그 사실이 숨막히지만 자주 아늑하게 느껴진다. 내가 만약 나의 세계를 견딜 수 없었더라면 새로운 우주를 찾아 떠났을까? 이따금 나는 나의 애완용 인간 같다. 나를 벗어나게 해주고 싶으면서도 나를 벗어나면 비명횡사할까 두려워 어떻게든 끼고 산다. 때로 가여워하거나 귀여워하면서. 그런 나를 지겨워하면서. 한편으로는 여기에 남아 우주로 간 지구인들을 그리워하는 일이야말로 마땅히 내가 해야 할 일처럼 여겨진다. 나는 뭔가를 그리워하는 데에 확실히 재능이 있으니까. 만약 올림픽 종목에 그리움이 있다면 메달을 노려볼 수도 있을 것이다.

꿈결처럼 누군가 나에게 말한다. 다음에 또 기회가 있을 거야. 그것은 백일장에 또다시 참가할 기회는 아니고 마음껏 그리워할 기회를 말하는 거겠지? 그리움의 대상은 우주일 수도 있고 우주인일 수도 있으며 지구의 내핵처럼 가장 깊은 곳, 도달해본 적 없는 미지의 공간일 수도 있다. 실은 나는 아무것도 그리워하지 않는다고도 할 수 있을 것 같다. 왜냐하면 무엇이든 언제나 그리워하고 있기 때문이다. 혹시 나 역시 지구를 찾아 떠난 지구인이라면, 그래서 매일 일상으로 돌아와야 한다면, 그것이 나의 할일이라면, 그리움에 중독된 상태가 조금은 설명될지도 모른다. 지구는 안녕한가요? 매일 같은 질문을 던지는 게 나에게만 의미 있는 일은 아닐지도 모른다.

이사 일기

 이사를 도와준 료스케와 대충 짐 정리를 하고 점심으로 짜장면을 먹었다. 밖에서 맥주까지 시원하게 마시고서 다시 집으로 돌아와 붙박이장에 책을 꽂아 넣는 것으로 이사는 마무리가 됐다. 빙 둘러보니 꽤 그럴싸했다. 여느 대학생의 자취방이라 하면 자연히 고개를 끄덕이게 되는 아늑한 집. 하지만 나는 대학생이 아닌데, 대학생도 아닌 이십대는 과연 어떤 집에 사는 게 적당할까, 하는 생각도 들었다. 그건 아마 료스케를 보내고 한솔을 만났기 때문일 거다. 한솔은 이 동네에서만 집을 세 군데 옮겼다고 했다. 서른 초반인데 언제까지 이 원룸촌을 전전할지 모르겠다고도 했다.

 한솔과 저녁으로 냉동 삼겹살을 먹고 아 배부르다, 배부르다, 하면서 산책을 했다. 근방 지리에 익숙한 한솔이 상권이 밀집된 큰길이며 작은 골목골목을 소개해줬는데 나는 그중 어린이공원이라는 이름의 놀이터가 마음에 들었다. 놀이터는 청승 떨기도 좋고 주접떨기도 좋은 곳이니까. 한솔은 나를 '선경아파트' 앞에 데려다주기도 했다. 실은 나 여기에 살고 싶었어. 그 말이 얼마나 진심이었는지는 모른다. 그렇지만 적어도 선경아파트 담장에 핀 장미 넝쿨은 정말로 좋아하는 것 같았다. 바람이 불어 시원했고 한솔과 헤어질 무렵에는 쌀쌀하게까지 느껴져 어깨가 절로 움츠러들었다.

한솔이 떠나고 난 뒤 친구들 여럿과 통화를 하다가 새벽 세시가 넘어 잠자리에 들었다. 아니, 들려고 했다. 그런데 도무지 잠이 오지 않았다. 외로운 기분이 들었고 이 집과 이 세계가 온통 낯설게 느껴졌다. 한참을 뒤척이다 팔을 뻗어 책상 위를 더듬었다. (집이 작아 침대에서 팔만 뻗으면 책상이고 냉장고인 게 장점이라면 장점이다.) 재율에게서 선물로 받은 스노볼의 전원을 켰다. 조명이 켜지고 투명한 볼 안에서 눈발이 휘돌았다. 흘러나오는 음악 소리가, 원래 이렇게 컸던가? 여름 이불을 꺼낸 건 실수였다. 적어도 오늘은 좀더 포근하고 따뜻한 온기가 필요했는데.

한때 나는 세상을 커다란 놀이터처럼 생각했다. 꼭 그래서 아무데서나 청승을 떨고 주접을 떤 건 아니었지만. 이 집은 그 정도쯤 허락해줄 것 같다고, 배관을 타고 흐르는 물소리를 들으며 생각했다. 왠지 좀 추운 소리였다. 커튼을 달지 않은 창문이 파르스름한 빛과 어둠을 통과시키고, 나는 이제 그런 것에 상심하거나 절망하지 않는다. 원래 아이들이 떠난 놀이터에도 새벽은 찾아오는 법이다. 물론 나는 아이가 아니고 이곳은 놀이터가 아니지. 놀이터를 뒤로하고 향한 나의 작은 집이다. 여기서는 깨끗이 씻어도 되고 밥 먹어도 되고 코 골며 자도 되고 아무것도 안 해도 된다. 자고 싶은데 잠이 오지 않음을 마음껏 슬퍼해도 된다.

실은 이사에 대한 스트레스로 한동안 일이 손에 잡히지 않았다. 병원에 가서 이로 인한 불안감, 초조함, 답답함을 토로하기도 했는데 의사는 ADHD 증상의 일환일 수도 있다며 내게 정밀 검사를 권했다. 그래서 다음 진료 때는 뇌파 검사를 비롯한 ADHD 검사를 받아보기로 했다. 물론 나는 안다. 어렸을 때부터 유난히 행동이 과격하고 덤벙댔던 나를. 해야 할 일의 순서를 정하지 못하고 언제나 충동적인 나를. 스스로를 배반하는 날들은 또 얼마나 많았던가. 대체로 나는 나의 기대에 미치지 못했고 쉽게 일을 그르쳤다. 그게 다 병의 증상이었다고 한다면, 나는 나를 이해할 수 있을까? 실은 이미 많은 실수를 그런 식으로 용서해왔던 것도 같다.

스스로 용납하고 싶지 않은 내 모습을 용인해준 사람들이 떠오른다.

사람들.

이사를 앞두고 버릴 것들을 추리기 위해 커다란 쓰레기봉투를 가져다 놓고 이 서랍 저 서랍을 열었다. 서랍 하나에 사람들이 가득했다. 그 집에서 사는 동안 찍은 사진들, 받은 편지들이 그 안을 꽉 채우고 있었던 것이다. 고작 이 년 동안 여기서 이렇게 많은 사람과 만나고 사진 찍고 놀고 이야기하고 마음을 주고받았다고? 물론 그중에는 더이상 만나지 않는 사람과 다시는 만나지 못하는 사람도 있었다. 당시에는 잘 못 나온 것 같아서 대충 보고 처박아뒀던 사진조차도 괜히 애틋해 보였다. 도하와 같이 찍은 사진을 한참 들여다보다 도로 넣어두었다. 눈물이 날 것 같아서 편지는 읽지도 못했다. 또 반가운 이름들을 속으로 불러보았다. 선경 언니에게 산하가, 선경에게 재율이가, 그런 문장들 속에서 우리가 함께 있다는 사실에 새삼스럽게 기뻤다. 거의 감격스러울 정도였다. 그리고 왠지 모를 슬픈 기분.

두번째 시집을 준비하는 내내 나에게 중요한 화두는 '우리가 왜 함께해서 왜 헤어져야 하는지'였다. 참으로 덧없는 질문이다. 서랍 하나만 열면 도하가 있고 고양이 쿠마가 있고 다른 친구들이 있지만 왜 내가 그들을 만나고 싶을 때 만날 수 없는지 나는 아직 이해할 수 없다.

이사가 원래 이렇게 슬픈 일이었나? 물건을 버리다가, 이삿짐을 싸다가 질질 짜는 일이 흔한가? 이제 예전 집이랑도 그 동네랑도 이별이다. 이 이별에 너무 마음 쏟지는 않을 것이다. 왜냐하면 그건 사랑의 행위에 가깝고 나는 이사하는 와중에 사랑을 돌볼 만큼 부지런한 사람이 아니니까, 그래서 요즘 시도 못 썼으니까, 생각하며 열어둔 창문 너머에서 불어오는 새벽바람이 선선했다. Offing의 ⟨Birthday Harlem⟩이라는 노래를 틀어두었는데 오랜만에 들으니 무척 경쾌하게 느껴졌다. 실은 그 전에 김광석의 〈서른 즈음에〉 같은 노래를 들어서일 수도. 매일 이별하며 살고 있구나, 그런 생각이 자주 들지만 그건 잠깐일 뿐이다. 몇 번이고 그랬듯 이번에도 무사히 이사를 마쳤으니 새로운 동네에 정을 붙일 것이다.

또다른 서랍을 뒤지다가 사용하지 않은 새 휴대폰 케이스를 발견해서 오랜만에 교체를 했다. 언젠가 더러워지겠지만 아직은 깨끗한 새 케이스의 뒤편에는 분홍색 스틱 끄트머리에 은색 별이 반짝이는 요술봉이 인쇄되어 있었다. 요술 같은 건 관심 없지만 어쩌면 내 인생에는 이미 요술이 일어나고 있는지도 모르겠다. 매일이 이별이라면 그럼에도 매일을 겪어내는 것이 요술 같지 않나? 문장 속에서 사랑하는 이들을 만날 수 있는 것이. 그런 문장을 내가 얼마든지 써낼 수 있는 것도.

너무너무 보고 싶다

 보고 싶은 이유는 매일 달라진다. 도깨비도 아니면서 날이 흐려서, 날이 좋아서, 핑계를 대지만 사실은 핑계가 아니다. 정말로 그렇던데. 여기와 거기가 다른 세계라면 여기와 거기를 좀더 공유하고 싶다는 생각이 들어서일까. 거기는 어때? 여기는 좀 시끄럽고 복잡해. 그래도 유난히 볕 좋은 날에는 잠시 다녀가주면 안 되나?

 그동안 도하에 대한 이야기를 꺼내는 건 조심스럽기도 했고 꺼려지기도 했다. 애도의 방식으로 글쓰기를 채택하고 싶지 않았다. 애도. 애도라니. 도하에게 마지막 인사를 하기 위해 함께 영천에 갔던 이들끼리는 도하가 프랑스 파리로 유학 갔다 치자고 농담했었다. 그런데 애도라니. 도하의 이름과 나란히 놓기엔 무척 낯선 단어다.

 영천에 다녀온 다음날에야 조금 실감을 했다. 그날

나는 첫 시집에 서명을 하러 파주에 갔는데, 서명본을 배송할 주소지 목록에 도하의 집 주소가 있었다. 그런데 정작 책을 받아 볼 사람이 없으니까, 이미 정리중이던 그 집으로 나는 아무것도 보내지 못했다. 그리고 전날 너무 울어 퉁퉁 부은 눈으로 담당 편집자님과 인사하고 촬영하고 그랬다. 웃으면서 그랬다.

누가 될까봐, 안 하느니만 못할까봐, 도하에 대해서는 어떤 말도 하지 말자, 그렇게 다짐 아닌 다짐을 했었다. 그런데 해야겠다. 우리 도하 첫 시집 소문도 좀 내고 그래야겠다. 도하의 지난 일기를 보면 마음이 으스러질 것 같은데, 특히 "선경 언니의 시집이 나온다고 한다. 부럽다" 이 두 문장을 읽을 때면 달려가서 혼쭐을 내고 싶다. 아니다. 안아주고 싶다.

아무것도 충분하지 않았다. 충분히 안아주지 못했고 충분히 만나지 못했고 충분히 웃고 떠들지 못했다. 약속한 가을 엠티도 함께 가지 못했다. 엠티를 위해 제작한 단체 티셔츠에는 도하 사진도 함께 인쇄되어 있는데. 작년까지는 그런 것들이 마음에 많이 남았다. 언니 우리집에 놀러와. 응, 갈게. 언니, 나랑 술 마시자. 그래, 다음에. 너무 사소해서 쉽게 미뤘던 약속들. 잠시라도 도하를 성가셔했던 순간들. 그런 걸 생각하면 무릎 꿇고 빌고 싶은 심정이 되었다.

마음이 크게 달라질 만큼 시간이 지난 건 아니지만 이제 후회와 죄책감은 덜 느끼려고 한다. 애도란 뭘까. 애도하기 싫고 난 그냥 너한테 축하만 하고 싶은데. 예전처럼 놀리고 싶고 귀여워하고 싶고 같이 흥청망청 놀고 싶은데. 나는 도하에게서 기다림을 배우고 있는 것 같다.

변하지 않는 건 이런 마음. 언젠가 다시 만나면 정말 팬이라고, 네 첫 시집을 읽었다고, 살아생전 널 만나기를 얼마나 꿈꿨는지 아느냐고 호들갑 떨어야지. 도하는 그때까지 부끄러움에 대한 면역력을 길러놓아야 할 것이다. 정말정말 기다려진다. 도하와 이야기를 나눌 날이.

기다리고 또 기다리고, 기다리고 있다는 사실조차 까먹은 채로 기다려야지. 정말정말 기대가 된다.

어떤 블루스

 술에 취한 두 노인이 서로 팔과 어깨를 걸치고 걸어가는 것을 보았다. 내가 너를 부축하는 것인지 네가 나를 부축하는 것인지 모르겠어. 지팡이를 목발처럼 짚는 노인이 그렇게 말했다.

오산하에게 1

 진심을 꽉꽉 눌러 담은 편지와 텅 빈 편지는 어떻게 구분할 수 있을까? 활자가 빼곡하지 않아도 진심이 가득할 수 있다면 말이야. 반대로 활자가 빼곡해도 텅 빈 것처럼 느껴지는 편지가 있겠지. 하지만 우리는 시시콜콜한 이야기를 시시콜콜하지 않게, 시시콜콜하지 않은 이야기를 시시콜콜하게 나누기로 했으니 꼭 어디에 속하지 않아도 괜찮을 거야. 그렇다면 어떤 이야기가 시시콜콜한 이야기, 시시콜콜하지 않은 이야기일까?

 혹시 이소라의 〈시시콜콜한 이야기〉라는 노래 알아? "잠깐 일어나봐. 깨워서 미안해. 나는 모르겠어, 윤오의 진짜 마음을." 이렇게 시작하는 곡 전체가 친구와 전화하는 내용으로 이루어져 있어. 화자는 윤오를 생각하면 얼마나 가슴이 아픈지를 끊임없이 이야기해. 전화 상대인 친구는 윤오를 흉보거나 윤오에 대한 부정적인 말을 하지 않아. "거기 어디니? 혼자 있니? 어디 가지 말고 거기 있어. 내가 갈게. 조금만 기다려." 이렇게 화자에게 거듭 말을 걸고 안심을 시키지. 화자는 청자를 신경쓰지 않고 거의 자기 할말만 하는데도 말이야. 어쩌면 나는 이소라의 〈시시콜콜한 이야기〉 속 친구처럼 네 이야기를 한없이 들어주고 싶은 것인지도 몰라. 좀처럼 속마음을 꺼내지 않는 너의 시시콜콜한 이야기들을 말이야.

그래서 너에게 이렇게 말을 걸어. 산하야, 잘 지내니? 요즘 어떻게 지내? 너를 슬프게, 또 화나게 만드는 것들과 잘 화해하며 지내고 있어? 나는 최근에 시를 열심히 썼고 한 번도 성에 찬 적이 없어서 슬펐고 돈 생각을 자주 하느라(내 의지로 하고 싶었던 것은 아니야) 또 슬펐고 대학원 복학을 앞두고 막막함과 무력감에 휩싸였고 그런 와중에 대학원 스터디와 재미공작소 행사를 준비해야 했어. 맞아. 사실 좀 바빴지. 신년회를 핑계로 평소보다 자주 친구들을 만나기도 했고 술은 마실 때도 있고 아닐 때도 있었어. 있잖아, 나는 친구들과 함께 있으면 텅 빈 기분이 들고 혼자 있으면 과부하에 걸려 곤욕이야. 머리가 터질 것 같지. 친구들을 만나면 친구들에게 상처받고 친구들을 미워하게 돼. 그런데 안 만나면 죽고 싶다니까. 감정도 생각도 모두 지나친 게 꼭 사춘기 같아. 하지만 이런 상태가 사춘기 이후로 쭉 지속돼왔다면 믿을 수 있겠어?

그래도 나는 다 해냈어. 너무 슬픈데 해야 할 일이 산더미일 때, 나는 울면서도 어떻게든 다 해냈어. 그래서 이렇게 과부하가 기본값인 상태가 돼버렸나봐. 이제 좀 지친다는 생각이 들어. 아직 갈 길이 먼데 말이야. 하지만 시간도 너무 많지. 사람들이 나를 MZ 시인이라고 호명해주고는 하잖아. 처음에는 그게 낯 뜨겁고 부끄러웠어. 그런데 어떤 식으로든 호명된다는 건 감사한 일이구나 깨닫는 요즘이야. 언제까지나 젊을 수는 없겠지만 그건 얼마나 다행인 일이니? 지금 우리가 겪는 어려움과 고민 전부 마흔 살, 쉰 살까지 유효하지는 않을 거 아니야. 친구 중 한 명이 꼭 이렇게 나를 위로하더라. "야, 너 그거 마흔 살 되면 다 괜찮아져." 위로가 아닌가?

마흔 살에는 마흔 살의 고민이 있겠지. 하지만 마흔

살의 기쁨도 있을 거야. 기다려진다. 솔직히 기대돼. 과거의 나는 지금의 내가 이렇게 허접할 줄 몰랐지만 또 이렇게 멋질 줄도 몰랐거든. 지치고 억지로 힘을 내고 그러다보면 정말로 힘이 나고 또다시 소진되고. 우리 대체로 그런 나날을 보내고 있잖아. 이 반복의 반복에도, 그리고 반복의 끝에도 여전히 기대되는 나 자신과 미래가 남아 있다면 뭐가 걱정인가 싶다. 그리고 그 미래에는 너도 있지. 그렇다면 정말 뭐가 걱정인 거냐고 내게 되묻고 싶어. 물론, 미래보다는 현재를 살아가는 데 급급한 우리이기는 하지만 말이야.

제일 최근에 만났을 때 기억나? 잠실새내에서. 무한리필 훠궈를 먹고 카페에 가서 서로의 시를 보다가 만화방에 갔지. 너는 세계가 멸망하는 만화를 봤고 나는 소녀들이 서로를 구하는 만화를 봤어. 그런데 산하야, 멸망해가는 세계에도 그런 소녀들이 있겠지? 마법을 쓰고, 또 마법 같지 않은 일에서 마법을 보는 그런 소녀들 말이야. 나는 늘 그 소녀들을 동경했던 것 같아. 만화방에 가서 내가 고르는 건 꼭 그런 유의 소녀만화, 혹은 순

정만화인 거 있지. 과거에도 동경했고 미래에도 동경할 소녀들이 내겐 있어. 그리고 왠지 그 소녀들 중 한 명쯤은 너와 똑 닮았을 거라는 확신이 들어. 멸망해가는 세계의 가장 참혹한 곳을 바라보는 소녀 말이야. 왠지 너의 등단작 「시드볼트」가 떠오르네.

 그런 게 궁금했던 것 같아. 너는 어떻게 삶의 이런저런 참혹한 부분들을 남들보다 더 오래 바라볼 수 있는 것인지. 그리고 어떻게 그런 광경 속에서도 묵묵히 너의 할일을 해낼 수 있는 것인지. 너는 울면서 해낸다고 말했지만 왠지 네가 우는 모습은 잘 그려지지 않거든. 그런 모습을 내 앞에서 보인 적 없기 때문일까? 나는 작년에도 술 먹고 울면서 전 애인에게 죽어버리겠다고 전화하기도 했는데. 너라면 절대 하지 않을 행동이지. 내가 지나치게 통제 불능인 걸까, 네가 지나치게 너를 통제하는 걸까? 물론 우는 것 자체만으로 미성숙한 행동이라고 너는 생각하지 않을 테지만 말이야.

 너한테는 어떤 게 위로가 될까? 네가 좋아하는 것들

은 뭘까? 나는 요즘 좋아하는 게 통 없는데. 천용성의 〈중학생〉 가사처럼 밥맛도 없고 친구들도 그냥 그렇고 엄마 아빠 싫은데. 노는 것도 그냥 그렇고…… 그렇지만 미래라는 막연한 말보다 마흔 살이라는 구체적인 지표는 좀 위로가 되긴 하지. 결국 모든 인간의 화두는 '여긴 어디 나는 누구'인 걸까? 정말이지 내가 내 지표를 모르겠는 나날이다. 그래서 또 한번 〈시시콜콜한 이야기〉의 힘을 빌려봐. "거기 어디니? 혼자 있니? 어디 가지 말고 거기 있어. 내가 갈게. 조금만 기다려."

오산하에게 2

우리 '예버덩 문학의 집' 레지던스에서 함께 시간을 보낸 적이 있었지. 그때 쓴 일기를 천천히 뜯어보았어.

강원도 횡성 '예버덩 문학의 집'에 온 지 나흘째다. 이곳은 벌레가 많고, 벌레가 많은데, 벌레가 많다. 산으로 둘러싸여 있으며 바로 건너편에는 주천강이 흐른다. 한마디로 이곳은 깡시골이다. 이곳에 와서 시도 쓰고 공부도 하고 영화도 보고 산책도 해야겠다는 생각이었지만, 글쎄. 마음처럼 되는 게 없다. 오히려 서울에 있을 때 더 부지런했던 것 같다. 횡성에 간다는 말에 내 친구 J는 한우로 취직했냐고 물어왔는데, 정말이지 소처럼 살고 있다. 그런데 소는 어쩌다가 게으른 동물의 표상이 되었을까? 『소가 된 게으름뱅이』라는 책 때문에 그런 이미지로 굳어진 것인지, 진짜 소가 게으른 동물인 것인지 모를 일이다. 아무튼.

횡성에는 한 달 동안 머물 예정이다. 4월 초에 왔으니 4월 말이면 퇴실할 것이다. 처음 입주 신청을 했을 때, 모 선생님께서 내게 물었다. "시인 됐으니까 레지던스 한번 가보고 싶어서 지원했어?" 아니요, 밥이 맛있대요. 아니요, 제 시인 친구 오산하랑 놀러가는 거예요. 그렇게 대답했지만 나는 속으로 뜨끔했다. 선생님 말씀이 맞는 것 같았다. 시인 됐다고 나도 모르게 좀 으쓱거렸나. 부끄러웠다. 그리고 여전히 부끄러운 일들이 많다. 스스로 시인이라고 지칭하는 것도, 메일링 서비스며 글쓰기 클래스며 일을 벌이는 것도, 잊고 싶은 건 잊고 외면하고 싶은 건 외면해버리는 것도. 나는 내가 부끄럽다.

학부 시절 한 학기 동안 가르쳐주셨던 또다른 모 선생님을 이곳에서 우연히 만났다. 선생님은 나를 고작 한 학기 가르쳤을 뿐이라며 제자 취급도 하지 않았지만 안흥에서 횡성까지 차를 태워줬고 같이 술도 마셔줬으며 어른들 앞에서 내가 불편하지 않게 최대한 배려해줬다. 나는 배은망덕하게도 술에 취해 선생님에게 헤드록을 걸었다. 술을 더 마셔주지 않는다며 부엌에 드러누웠다.

내가 부끄러움을 느끼는 모든 일은 내가 벌인 일이다. 그러니 모두 나의 책임이지만…… 좀 외롭다. 외롭지 않을 줄 알았는데. 왜냐하면 나는 친구도 여럿 만들어놨고, 매일 누군가에게 전화도 걸고, 도파민 충족을 위해 게임이나 OTT 서비스도 마음껏 즐기곤 하니까. 친구들한테 전화해 횡성에서의 소식을 전하면 "심심할 새가 없겠는데?"(그렇게 바쁘게 사고 치고 다니면, 이라는 말이 생략된) 하는 대답이 되돌아온다. 심심함이랑 외로움이랑 어떻게 같냐고 항변하고 싶어진다. 이렇게 외로운데 다들 어떻게 살아가는 걸까?

이곳에서는 별이 잘 보인다. 오랫동안 밤하늘을 보고 있으면 안 보이던 별도 드문드문 모습을 나타낸다. 개중에는 인공위성도 있고, 빨간 불 깜빡거리며 날아가는 비행기도 있다. 아주 멀리 있는데도 빠른 속도로 나를 지나쳐 간다. 그래도 잠시 나의 시야 안에서 깜빡이는 그 불빛을 보면 꼭 누군가가 나에게 보내는 신호 같다.

시간이 지나 읽는 일기는 꽤 낯설면서도 그때의 감각

을 생생히 불러일으킨다. 편의점까지 걸어서 한 시간 걸리던, 황무지 같은 횡성의 풍경이 절로 떠오르네. 나는 그해 생일이 기억나. 속세의 맛을 느껴보라며 생일 선물로 주로 먹을 것을 보내 왔던 친구들의 농담이 여전히 날 웃게 해. 과일과 수제 쿠키, 내가 좋아하는 초코 마들렌 등. 서울에서는 쉽게 구할 수 있어서 굳이 사 먹지 않게 되는 그것들이 그때는 보석처럼 귀하게 느껴졌다니까. 하지만 내게 진짜 한 줄기 빛이었던 건 무엇보다 너였어. 얼굴에 마스크팩을 찰싹 붙여놓고 도서관에서 책을 읽던 너. 마당의 흔들그네에 앉아 주천강을 멀리 내다보다가도 쌍살벌의 등장에 소스라치게 놀라던 너. 그 모습들을 떠올리자니 웃음이 나네.

여기는 서울이고, 2월은 형체 없는 유령처럼 순식간에 지나가버렸어. 에버딩에서의 일기를 찾는다고 과거 다른 일기들도 보게 되었지. 제목들이 하나같이 암울하더라. '내가 어떻게 하면 나를 구할 수 있을까' '하루하루가 생존기' '불이 꺼지기를 기다리며 더운 비를 맞고 서 있던 날들' '신이 내 눈 밑에 끊임없이 물파스를 발라주고 있다'…… 저 시간들이 도대체 다 어떻게 지나갔지? 사실 알고 있었어. 지나갈 시기는 지나가게 되어 있다는 것을. 하지만 막상 그 시기의 한가운데에 있을 때는 그게 위로가 될 리 없지. 이제 나는 다른 시기를 맞고 있어. 그때는 알지 못했던 사람들과 함께하고 그때는 종종 만났던 사람들과 더는 연락조차 주고받지 않으면서.

오늘은 길상사라는 절에 다녀왔어. 집에서 택시로 십 분 조금 넘게 걸렸나. 고즈넉하고 한적했어. 곳곳에서 물 흐르는 소리가 들렸는데, 그게 너무 좋아서 한 바퀴를 쭉 돌았어. 원래 가려 했던 다원은 휴무로 문을 닫아 가지 못했지만. 그 다원 안에는 커다란 불상이 있거든. 거기서 오미자차를 마시며 이 편지를 쓸 계획이었는데. 왠지 불상이 주는 웅장하고도 차분한 기운을 받을 수 있을 것 같았거든. 차선으로 고른 카페는 만석이었지. 그래서 지금은 평상시 단골인 카페에 와 있어. 어느 때보다 편안한 마음이야. 계획과는 다르지만 여기 오길 잘했다는 생각도 들어. 언젠가는 다른 많은 일도 이렇게 자연스럽게 받아들일 수 있게 될까?

수년에 걸친 과거 일기들을 돌아보았을 뿐인데 이런

생각이 들었어. 누구라도 나를 좀 봐주기를 바라면서 안달 내던 이십대가 끝나가고 있구나. 물론 나의 이십대가 이 한 줄만으로 설명되지는 않겠지. 한 편의 일기나 시로도. 그러니 얼마나 좋니? 남부럽지 않게 치열했고 외로웠고 치열히 외로웠으며 이따금 짜릿했어. 내가 만든 시간들. 시간이 만든 나. 이십대가 끝나도 우리 언제나 삶의 한복판이지만, 그러니 얼마나 좋니? 도저히 끝나지 않는데 어차피 끝낼 수 없다는 게. 그토록 막막한 이 삶의 주인이 우리 자신이라는 게. 변하지 않는 진실은 내가 애써 기억하려 하지 않아도 늘 그 자리에 있어.

횡성의 밤하늘에 불빛을 그으며 지나가던 비행기의 목적지는 영영 알 수 없겠지만 그래서 좋지. 다만 한 번의 마주침, 그것에 힐끗힐끗 기뻤으니까. 우리 서로를 애써 기억하기보다 계속해서 힐끗거리자. 늘 그 자리에 있다는 것을 다 알면서도.

쿠마와 함께한 모든 시간

 그날 새벽엔 우박이 떨어지는 줄 알았다. 빗소리였는데. 정말 굵은 빗방울이었나봐. 바람이 심하게 불었다.

 오전 열한시 쿠마를 데리고 병원에 갔다가 오후 다섯시에 돌아왔다. 쿠마는 이를 세 개 뽑았다. 죄책감이 든다. 하나의 고통을 덮으려고 더 큰 고통을 더해준 게 아닐까 하는 생각. 어디까지나 인간의 생각.

 집에 와서는 쿠마가 자꾸 바닥에만 눕길래 보일러를 틀어주었다. 얼마 안 있어 따뜻하다는 생각이 들어서 내가 추웠구나, 깨달았다.

*

 어느 날 눈을 떠보니 내 옆에 고양이가 있었다. 칠리

가 길에서 데려왔다고 했다. 덩치는 좀 크고 온통 까만 데, 북슬북슬한 배와 가슴만이 새하얘서 꼭 반달가슴곰 같았다. 경계심으로 커다래진 눈을 깜빡이지도 않고 책상 밑에 숨어 있었다. 나의 고양이, 쿠마와의 첫 만남이었다.

쿠마는 구내염을 앓는 유기묘였다. 나이는 서너 살로 추정. 습식이든 건식이든 잘 먹었고 간식에는 환장했다. 밥을 다 먹으면 다시 구석으로 숨기는 했지만 칠리는 아직 탐색중인 모양이라는 말로 나를 안심시켰다. 안녕, 쿠마? 여기가 당분간 네가 지낼 곳이야. 나는 종종 엎드린 자세로 시선을 맞추고 쿠마에게 말을 걸었다. 그 꼴을 칠리에게 들키면 머쓱해질 것이므로 혼자 있을 때만 그렇게 했다. 용기 내 손을 뻗어 쿠마를 쓰다듬으면 믿기지 않을 만큼 부드러웠다. 심장이 아찔해지다못해 녹아내릴 것 같았다.

어느 날부터인가 쿠마는 적응을 마쳤는지 온 집안을 활보하며 물건이라는 물건은 모조리 바닥으로 떨어뜨렸고 스스로 서랍을 열어 간식을 쟁취하는 데 열의를 보였다. 그 놀라운 발전에 우리는 쿠마와 함께 사는 법을 재빨리 터득해나가야 했다. 높은 곳에는 깨지기 쉬운 물건을 절대로 두지 않고 간식은 부엌 찬장 안쪽에 넣어두는 식이었다. 어쩌다 선물로 꽃다발이라도 받으면 쿠마가 닿을 수 없는 자리에 보관해야 했다. 집에는 장난감을 비롯한 고양이 용품이 점점 늘어갔다. 우리의 투룸은 이제 쿠마 전용 놀이터가 된 것 같았다. 아무렴 좋았다. 잠든 내 곁으로 와 몸 이곳저곳을 그루밍하는 쿠마가 있다면. 눈을 떴을 때 내 몸 한 군데라도 반드시 점령한 채로 잠에 든 쿠마가 있다면!

본가를 떠나 서울에서 자취를 하는 동안 단 한 번도 '나의 집'이라는 감각을 느끼지 못했는데, 쿠마가 있는 집이 더없이 소중하게 느껴졌다. 아기처럼 밥 먹인 후에 약 먹이고, 약 먹인 후에는 양치시키고, 틈틈이 장난감 낚싯대로 놀아주는 일. 내가 처음 실천해본 돌봄이자 귀중한 일상의 조각이었다. 특히 동물병원이라도 다녀온 날에는 안절부절못했다. 쿠마가 온 기운이 빠진 듯 아무 데나 축축 늘어졌기 때문이다. 이전까지 남 대신 아파주고 싶은 심정이 무엇인지 이해하지 못했는데, 쿠마가 아픈 모습을 보는 건 정말로 가슴이 무너질 것 같았다. 인간보다 짧은 생에서조차 너는 왜 아파야 하는 것일까.

언제라도 기억하고 싶은 순간을 만나면 시를 쓰기도 했다.

쿠마는 흐르는 물만 마심

까만 고양이를 기르게 됐어
고양이는 영역 동물이라 밖에 데리고 나갈 수 없는데

나는 가끔
밖에서도 내가 기르는 고양이를 본다

움직이는 그림자에서
어두운 웅덩이에서
달콤하게 구워지는 가을밤 냄새에서

쿠마
너의 이름은 일본어로 곰이라는 뜻

세상에서 제일 겁 많은 곰

한번 삐치면 엄청 오래감

사냥에는 별 관심이 없고

약 타놓은 밥을 씩씩하게 잘 먹는다

무서운 것은 싫어하는 쿠마

나는 네가 아픈 게 무서워서

네게 무섭게 굴 수밖에 없어

칫솔을 들고 쫓아다니면

짖을 것도 같은

귀여운 송곳니

수상한 장난기

네 턱에 이미 치약 묻혀놨지

실은 쿠마와 팔 개월 동안 함께한 모든 순간을 기억하

고 싶었다.

쿠마와는 봄이 지나고 여름이 오기 직전에 헤어졌다. 자취를 하는 형편이다보니 고양이를 기르기에는 여러 여건이 따라주지 않았기 때문이다. 대신 칠리의 친구가 사는 동두천 집에 입양을 보냈는데, 그곳은 방도 세 개나 되고 거실도 널찍해서 쿠마가 뛰어놀기에 더없이 좋은 환경이었다. 칠리의 친구는 나와도 잘 아는 사이인데다 우리집을 뻔질나게 드나들던 터라 쿠마를 맡기기에 최적이었다. 그래서 쿠마, 우리 또 만나자, 온몸에 뽀뽀를 퍼부은 뒤 보내준 것이었는데.

그날 일과를 마치고 집에 도착하자마자 현관에 주저앉아 볼썽사납게 오열했다. 쿠마와 쿠마가 사용하던 물건들이 사라진 집이 너무나도 휑했다. 가슴 한가운데가 텅 비어버린 기분. 아니, 가슴에 총을 맞은 기분이었다. 한참을 울다가 쿠마가 새로운 집에서 적응은 잘하고 있는지, 밥이랑 약이랑 잘 챙겨 먹었는지가 걱정되어 칠리에게 전화를 걸었다(칠리는 그다음날까지 친구의 집에서 쿠마와 함께 있기로 했다). 엉엉 울며 알아들을 수 없는 말을 하는 나를 칠리는 괜찮다고 달래주었던가. 왜 이러냐고 화를 냈던가. 그것조차 기억이 나지 않을 만큼 나는 제정신이 아니었다. 쿠마와 함께한 시간을 모조리 빼앗긴 것만 같았다. 그런데 전화를 끊고 보니 냉장고 아래에 쿠마의 장난감 쥐돌이 하나가 덩그러니 놓여 있었다. 그제야 집안을 자세히 둘러보았다. 곳곳에 쿠마의 흔적이 남아 있었다. 미처 못 챙긴 스크래처, 쿠마의 털과 모래, 쿠마가 가구에 낸 흠집…… 그런 것만이 위로가 되었고, 위로받은 마음은 금세 또 서러워졌다.

나는 동두천에 사는 씩씩한 고양이 한 마리를 알고 있다. 종종 그애를 보고 온다. 새롭게 좋아하게 된 장난감이 있고 새로운 개인기도 생긴 나의 고양이. 그 장난감을 던져주면 아무리 멀어도 쫓아가 물어 오는 신기한 고양이. 더이상 구내염을 앓지도 않는단다. 나는 이제 칠리와 칠리의 친구가 보든 말든 상관하지 않고 엎드린 자세로 쿠마에게 말을 건다. 쿠마야, 잘 지냈어? 보고 싶었어. 쿠마는 나를 기억하지 못하는 눈치인지 눈빛에 경계심을 풀지 않지만 예전처럼 내 손에 머리를 비빈다. 신기하지. 너와 함께한 모든 시간이 새롭고 놀라워. 그래서 나는 네가 없는 곳에서도 너와 함께라는 감각 안에서 매일을 기대하는 거란다.

이쯤에서 쿠마가 궁금할 여러분을 위해

철 지난 커플 티셔츠는 잠옷으로도 입지 말 것

 혹시 몰라 아침 일찍 감기약을 먹었다. 목이 간지럽고 기침이 나오는 건 새벽의 추위 탓이겠지. 꿈에서 첫사랑과 재회했다. 재회한 사실을 모두 아는 동창 모임에 참석했는데, 첫사랑은 나의 인사조차 받아주지 않았다. 다른 여자애와 사소한 실랑이를 벌이느라 바쁜 모양이었다. 어떤 실랑이였는지는 기억나지 않지만 꿈에서도 그 여자애가 부러웠던 기분이 깨고 나서도 선명했다. 그녀가 자리를 비운 사이 첫사랑에게 다가가 공연히 말을 걸어보았는데, 돌아온 말은 네가 뭔데? 이 한마디였다. 나조차 내가 뭔지 모르겠는 마당에. 서러움이 북받쳐 소리를 질렀다. 무안해! 나는 너에게 말 걸기 위해 용기 내! 그런데 기다렸다는 듯이 이렇게 차갑게 굴면 무안해! 이럴 거면 내 마음을 왜 다시 받아줬니! 〈엽기적인 그녀〉의 전지현이 산에서 견우야, 견우야, 외칠 때처럼 울었다. 그러다가 잠에서 깨버렸다. 아주 무안하게.

  사실 첫사랑이 나오는 꿈을 십 년째 꾸고 있다. 나는 처음 좋아한 것들을 너무 오래 기억하고 또 오래 마음에 담아둔다. 단지 처음이라서일까? 첫사랑 그애는 나의 고등학교 졸업을 영원히 유예시킬 작정인가. 이 모든 게 그애와 헤어지고 졸업식에 참석하지 않은 탓인가. 평상시에는 첫사랑에 대해 전혀 생각하지 않는데 꿈에만 나오면 철없는 고등학생처럼 그애를 쫓아다니기 바쁘다. 인스타 DM을 보내도 봤지만 더는 사용하지 않는 계정인지 통 확인을 않는다. 가끔 궁금하다. 그애가 어떻게 지내는지. 그애가 남들보다 일찍 등교해 아침마다 내 책상 서랍에 넣어주었던 간식과 편지, 겨울이면 보온병에 담겨 있던 따뜻한 차, 그애의 겉옷을 입고 체육관에서 배드민턴 쳤던 점심시간, 함께 공부하겠다고 종이와 딱풀처럼 붙어 앉았지만 도무지 집중할 수 없던 시험 기간, 그런 기억이 왜 지금도 내 가슴속에 수북한지.
  어쩌면 나는 처음 내가 좋아한 것들이 아니라 처음 나

를 좋아해준 것들에 마음을 쓰는 것인지도 모르겠다. 하지만 친구야, 네가 수능을 망친 건 내 탓이 아니야. 지금은 십 년이 지나 이십대의 마지막에 이르렀지만 너를 생각하면 너의 원망을 샀던 십대 때의 기분이 되어버린다. 억울함과 미안함이 오묘하게 뒤섞인 감정이랄까. 유치하고 거추장스럽게 꼭 같은 옷을 맞춰 입고 다니기도 했는데. 교문을 나선 뒤 손을 맞잡았다가 다음날 나란히 교무실로 호출당했던, 야간자율학습이 끝나고 집에 가기 위해 스쿨버스에 올라타면 차창 밖에서 그애가 손 흔들어주었던, 그 시절은 다 어디로 가버렸을까? 그를 포함한 어떤 친구들 역시 이제 기억 속에 멈춰버린 시간으로 남아 있다. 하지만 그들이 언제나 어디서든 나와 같은 시대를 살아가리라 생각하면 왠지 마음이 든든하다. 믿음직스럽다.

나는 잠결에 인터넷으로 목 견인기를 주문하고 겨울이면 지레 겁먹은 채 감기약부터 챙겨 먹는 어른이 되었지만, 첫사랑을 비롯한 친구들이 운좋게 요가나 필라테스가 적성에 맞아서 병원 따위는 건강검진 받을 때나 한

차례 방문하기를, 각자 지내는 곳에서 잘 지내기를 바라본다. 분명 그러고 있을 것이다. 그래야 한다. 그런 아침의 마음으로 기지개를 쭉 켜본다.

P. S. 혹시나 이 글을 보고 있을지도 모를 첫사랑 S에게. 페이스북에 사진 올릴 때 네 얼굴까지 같이 보정했던 거 미안해. 그 짓 네가 진짜 싫어했는데. 그래도 너를 많이 좋아했어. 자주 푼수처럼, 가끔은 못되게 굴었지만 꽤 사랑스러웠던 여자애로 나를 기억해주기를.

첫눈이 내렸다고 한다

　점심쯤 일어나 확인한 인스타그램에는 친구들이 찍어 올린 사진이 눈처럼 쌓여 있었다. 눈 덮인 나뭇가지나 작게나마 만들어본 눈사람 사진. 아니면 십 초 동안 눈보라가 치는 동영상. 겨울을 나기 위해 내려와 있던 전주에는 눈이 내리지 않아 화면으로 실컷 봤다. 텁텁하게 느껴질 만큼 흰 풍경 속에 듬성듬성 끼어든 단풍이 보였다. 왠지 멀리 있는 이의 안부를 묻고 싶어졌다. 대구에 사는 다정한 친구, 고명재 시인에게 메시지를 보냈다. 첫눈이라고, 눈이 오니까 내 친구 보고프다고. 명재 시인에게는 꼭 이렇게 말하게 된다. 보고 싶다, 가 아니라 보고프다. 왠지 조금 칭얼거리는 것 같아 가까운 사이에만 쓸 수 있는 말. 멀리, 그러나 가까이에 사는 내 친구는 이름처럼 환하게 답장을 보내왔다. 선경이도 오늘 너무너무 행복하게 보내야 돼. 그 메시지를 읽으면서 어떤 거리는 멀거나 가깝다는 말만으로 표현할 수 없는 거겠지, 생각했다. 전주는 하루종일 비가 내렸다가 그치기를 반복했다. 눈도 안 오는데 화면 속의 사람들 보고프네, 보고프네, 속으로 말해보았다.

오후에는 큰이모가 하는 미용실에서 머리를 했다. 파마가 서서히 풀려가는 머리를 다시 말았다. 이 미용실 이십 년이 넘었던가? 생각할 때쯤에 이모의 오랜 단골들이 하나둘 모여들었다. 나는 모르는데 나를 안다는 듯이 인사를 건네오는 할머니가 많았다. 서울에서 바쁠 텐데 어쩐 일로 왔냐고, 머리 만지러 왔냐고, 몇 주 전에도 본 것처럼 태연스럽게 물어왔다. 얼떨결에 고개를 끄덕이며 대답하고 있으면 소파 한구석에 놓인 호피 무늬 담요를 끌어와 내 다리에 덮어주었다. 그렇게 할머니들과 소파에 옹기종기 앉아 요구르트를 마셨다. (물론 모두가 머리에 롤을 만 채였다.) 조작법을 물으며 어떤 할머니가 내민 휴대폰을 자연스럽게 받아들었다. 여기, 그리고 여기를 누르면 돼요. 인상 좋은 얼굴로 손 흔드는 고양이 장식품처럼 할머니들이 끄덕끄덕했다.

큰이모의 미용실에만 오면 왠지 시간이 멈춘 것 같아서, 교복 입은 사촌언니가 손으로 비를 막으며 허겁지겁 뛰어들어올 것 같아서, 텔레비전에 틀어진 연속극에서 죽은 탤런트라도 나올 것 같아서, 기분이 곧잘 이상해진다. 이런 기분 때문에 미용실에 관한 시를 쓴 적도 있는데 잘 표현되지는 않았다. 머리가 완성될 무렵에는 병원에서 퇴근한 엄마가 왔다. 심하게 뽀글뽀글 볶인 머리를 심란하게 만져보는 내 곁에서 엄마는 차마 뭐라고 하지는 못하고 웃기만 했다. 이모 작품이야. 알지? 나는 눈으로 말했다. 이모는 베테랑답게 야무진 손길로 머리카락 구석구석 에센스를 발라주었다. 그러고 나면 거울에 비친 내 모습도 나름대로…… 봐줄 만했다.

이모와 할머니들과 짧은 인사를 나눈 뒤 엄마랑 같이 가게를 나섰다. 겨울옷을 사러 백화점에 갈 참이었다. 운좋게 비가 그친 타이밍에 밖으로 나와 천천히 걸었다. 미용실에서 멀지 않은 곳에 주차된 엄마의 차에 올라타자마자 엄마는 나의 생활과 경제 사정에 대해 꼬치꼬치 묻기 시작했다. 싸움으로 번질 듯 말 듯한 대화 속에서 나는 몇 번 짜증을 냈고 또 몇 번은 짜증을 삼켰다. 길을 잘못 들어 터미널 방향으로 차를 몰던 엄마가 농담이랍시고 서울 갈래? 했을 때는 약간의 고비를 느꼈다. 다행히 터미널 뒤로 전주에 하나뿐인 백화점이 보였다.

  백화점에서는 주로 코트를 눈여겨봤다. 친절한 직원들이 울이며 캐시미어 함량, 무게가 얼마나 가벼운지, 핏은 또 얼마나 날씬해 보이는지를 입에 침이 마르도록 설명했다. 캐시미어 백 퍼센트 코트는 과연 안 입은 것처럼 가벼우면서도 포근했다. 그러나 가격을 확인한 뒤에는 감사 인사를 드리고 서둘러 자리를 떠야 했다. 코트가 삼백오십만원? 엄마와 나는 호들갑을 떨었다. 다른 브랜드를 둘러봐도 마찬가지였다. 깃털처럼 가벼운 캐시미어 백 퍼센트의 삶은 일찌감치 포기해야 했다. 에스컬레이터를 타고 한 층 아래로 가니 비교적 친근한 브랜드 매장이 보였다. 내가 가까스로 택할 수 있었던 건 울 백 퍼센트였다. 캐시미어보다 좀 (많이) 무겁고 표면이 거친, 울 백 퍼센트의 삶. 코트의 소재를 말하면서 삶까지 운운하는 건 물론 지나친 비약이 맞다. 그러나 씁쓸하다! 내가 좋아하는 오버핏에 시크해 보이는 칼라가 마음에 들어 구매했지만 말이다. 더욱 씁쓸한 건 엄마는 아무런 옷도 고르지 않았다는 사실이다. 마음에 드는 옷 없어? 내가 몇 번인가 물었지만 떨떠름한 표정으로 고개를 젓는 엄마에게, 실은 그다지 적극적으로 입어볼 것을 권하지도 못했다는 사실이다. (다시 생각해보니 심지어 '마음에 드는 옷 있어?'도 아니고 '마음에 드는 옷 없어?'라고 물었다는 사실이다……) 그건 뭐랄까, 자존심이 좀 상하는 일이었다. 첫눈도 내린 김에 겨울옷 하나쯤은 해주고 싶었는데. 엄마가 나에게 사달라고 한 건 백화점 지하 1층 푸드 코트의 미니 붕어빵 한 상자뿐이었다. 결국 나만 홀로 코트 한 벌을 장만하고서 귀가하는 차 안에는 붕어빵의 고소하고 향긋한 냄새가 은근하게 맴돌았다.

다음에 돈 벌어서 비싼 옷 사줄게. 이런 말조차 낯간지러워서 못 하는 딸이지만 그래도 먹고 싶다던 붕어빵을 먹는 동안에는 엄마가 달고 따뜻한 팥앙금만큼의 행복이라도 느끼기를 바랐다. 나는 오늘 조금 청승맞고 우스꽝스러웠지만 환한 이름을 가진 친구의 바람처럼 꽤 행복했으니까 말이다. 그래서 이 밤, 멀고 가까움과 가볍고 무거움만으로 설명되지 않는 밤에 이렇게 일기를 쓰는 것이다. 비록 지금 앉아 있는 카페의 마감 시간이 다가와 쫓겨날 위기에 처했지만. 커피는 바닥난 지 오래고 눈꺼풀에는 노곤함이 내려앉는다. 마지막으로 먹은 것이 몇 시간 전 엄마가 맘씨 좋게 나눠준 붕어빵뿐이어서 배가 고프다. 이 와중에 밖을 내다보니 비인지 눈인지 불분명한 것이 내리고 있다. 그래, 이것을 첫눈으로 여기기로 한다.

끝나지 않는 여름

 서울에서 전주까지의 여정은 꽤 길고 지난하다. 중간에 휴게소에 한 번 들르지만 나는 내려서 화장실에 가거나 담배를 피우는 대신 버스 의자에 파묻힌 듯 앉아 잠자는 것을 택했다. 도착한 전주의 공기는 서울보다 덜 차갑고 더 신선했다. 캄캄한 아파트 단지 안에서 담배를 피웠다. 입김인지 담배 연기인지 모를 흰 연기가 어둠 속으로 흩어져 사라졌다. 고개를 젖히면 14층인 우리집 거실 불이 켜져 있는 게 보였다. 나를 기다리던 엄마와 시시콜콜한 대화를 나눴고 엄마는 너 뒷방 할아버지냐, 웬 담배 냄새가, 하고 질색하면서도 내가 와서 반가운 기색이었다.

 전주는 뭐랄까, 스무 살 이전까지의 기억이 저장된 커다란 냉동고 같다. 대체로 서울보다 따뜻하지만 열아홉까지의 내게는 너무 추웠던 곳. 그러나 겨울의 새하얀 눈과 반짝이는 크리스마스트리가 그러하듯 너무 추운 세계에도 아름다운 기억과 장면은 있다. 지금은 닿을 길 없는 천진했던 나의 친구들, 빗자루를 들고서 산책했던 학교 청소 시간, 나 혼자 걷던 작은 교정, 스산하게 부는 바람처럼 이상한 풍경들. 때때로 내 마음에 아프게 빗금을 긋고 갔던. 전주는 내가 가장 오랜 시간을 보낸 도시이기에 내게 가장 많은 기억을 남겼다.

기억들.

시 창작 과외를 할 때마다 강조한다. 가장 독창적인 이미지는 당신 기억의 밑바닥에 있습니다. 시쓰기에 동원되는 상상은 결국 당신 기억의 연장입니다. 진심으로 그렇게 생각한다. 그러나 깊이를 모르는 물속에 가라앉아 기억을 더듬는 행위란 얼마나 큰 고통과 비참함을 수반하는지도 알고 있다. 어떤 기억은 도무지 사랑할 수 없고 또 사랑할 필요도 없다. 그렇지만 자유로울 수도 없다. 어떻게 하면 기억으로부터 자유로워질 수 있을까. 아마도 나는 그럴 수 없겠지. 차곡차곡이 아닌 엉망진창의 형태로 쌓인 기억을 양분 삼아 시를 길어올리는 데 몰두할 것이다. 그리고 오직 그 행위를 통해서만 자유와 해방감을 느낄 수 있을 것이다.

나는 기억과 나 사이의 긴장감, 그리고 불화를 시에 풀어놓는데 다른 사람들은 어떤 방식으로 기억과 관계 맺고 또 해소하는지 궁금하다. 차가운 빙하에 손을 댄다면 얼어붙거나 화상을 입거나 둘 중 하나일 텐데, 어떻게 해야 그 결빙을 풀 수 있단 말인가. 시간이라는 물이 빙하를 감싸고 도는 거라면 빙하는 천천히 녹을 수도 있을 것이다. 그렇다면 녹은 기억은 시간이 되는 걸까? 오늘 꾼 꿈은 기억나지 않는데 십여 년 전의 꿈은 왜 이리 생생한 걸까? 왜 나는 이렇게 물기에 젖은 질문만 하는 걸까?

생각이 여기까지 미치면 그다음에는 이미 어그러져 과거가 되어버린 관계들이 떠오른다. 대부분 더는 만날 수 없는 친구들이다. 지나간 일들이 내게 영향을 끼치지 않았으면 좋겠는데, 과거는 계속해서 자라나는 것 같다. 너무 많이 생각하다보면 까맣게 잊고 있던 기억까지도 되살아난다. 그 너무 많은 생각들은 주로 관계의 실패 요인을 추적하는 데 쓰인다. 지금 와서 실패 요인을 찾는다고 한들 무슨 소용이 있는 것 같지는 않다. 오히려 자해에 가깝다고도 생각한다. 책임을 전적으로 나에게 돌리기 위해, 그러니까 나 자신을 탓하기 위해 내가 잘못한 기억을 떠올리려 아등바등 애쓸 뿐이니까.

어떤 관계의 끝은 사고처럼 갑작스럽게 찾아와 불행을 초래한다. 나는 아마 사고 후유증을 평생 끌어안고 살아가겠지. 문득 마음에도 깁스가 필요하다는 생각이 든다. 깁스를 아주 오래 해서 마음이 아예 굳어버렸으면 좋겠다.

전주를 슬픈 지역으로 인식한다고 해서 서울이 안 슬픈 지역이 되는 것은 아니다. 전주에는 서울에 없는 것이 있으며 서울에는 전주에 없는 것이 있다. 반면 두 도시에 공통적으로 있는 것도 있다. 그러니까 전주에서의 기억이 서울까지 연장되거나 서울에서의 기억이 전주까지 따라오는 식이다. 빙하는 한 방향으로 흐르지 않으니까.

오늘 아침 샤워를 하면서 맞았던 따뜻한 물줄기를 생각한다. 물방울 하나에도 물살이 작용한다. 시간을 아주 작은 단위로 쪼갠다 해도 그 흐름은 멎지 않는다. 샤워를 하고 밥을 먹고 카페에 가는 평범한 일상 속에도 비일상의 순간이 있다. 아이러니하게도 비일상은 일상 위에서 펼쳐진다. 비일상은 일상의 결여 혹은 일상 바깥의 경험을 의미하지 않는다. 적어도 나에게는 그렇다.

내가 체험하는 비일상은 이런 것이다. 사랑하는 사람과 함께 샤워하는 상상 하기. 사랑하는 사람과 소다수로 가득찬 수영장에 풍덩 빠지는 상상 하기. 그러다가 상상이 너무도 생생하고 구체적이게 되어서 정말 그런 듯한 착각에 빠지기. 아니, 정말 그런 상황에 놓이기. 재차 말하자면 상상은, 비일상은 기억의 연장이다. 내가 가진 기억 속에 이렇게 향기롭고 황홀한 상상에 관한 최초의 이미지가 있다.

사랑하는 모든 것이 이미 내 곁에 있다.

나가는 글

　지극히 개인적이어서 좀처럼 정제되지 않는 글들이 누군가에게 얼마나 유효할지 잘 모르겠다. 하지만 나의 처참과 절박, 기쁨과 행복을 투명하게 들여다보아줄 존재가 분명히 있으리라고 믿는다. 눈에 불순물이 낀 듯 자주 앞이 흐릿했지만 우연히 지나가던 바람이 불순물을 털어주기도 했듯이.

　너무도 찰나여서 영원에 가까운, 반짝반짝 허무한 나의 이십대. 이것을 여기에 남겨두기로 한다.

2025년 5월
고선경

문학동네 산문집
내 꿈에 가끔만 놀러와
ⓒ 고선경 2025

1판 1쇄 2025년 5월 14일
1판 2쇄 2025년 5월 28일

지은이 고선경
책임편집 임고운 | **편집** 정은진
디자인 최윤미 이원경 | **저작권** 박지영 형소진 오서영 조경은
마케팅 정민호 서지화 한민아 이민경 왕지경 정유진 정경주 김수인 김혜원
        김예진 나현후 이서진
브랜딩 함유지 박민재 이송이 김희숙 박다솔 조다현 김하연 이준희
제작 강신은 김동욱 이순호 | **제작처** 영신사

펴낸곳 (주)문학동네 | **펴낸이** 김소영
출판등록 1993년 10월 22일 제2003-000045호
주소 10881 경기도 파주시 회동길 210
전자우편 editor@munhak.com
대표전화 031) 955-8888 | **팩스** 031) 955-8855
문학동네카페 http://cafe.naver.com/mhdn
인스타그램 @munhakdongne | 트위터 @munhakdongne
북클럽문학동네 http://bookclubmunhak.com

ISBN 979-11-416-0205-5 03810

* 이 책의 판권은 지은이와 문학동네에 있습니다.
  이 책 내용의 전부 또는 일부를 재사용하려면 반드시 양측의 서면 동의를
  받아야 합니다.
* 표지 그림 ⓒ이소연

잘못된 책은 구입하신 서점에서 교환해드립니다.
기타 교환 문의 031) 955-2661, 3580

www.munhak.com